余 秋 雨 著

给青少年的
中國文化課

③ 熟 读 这 些 作 品

北京联合出版公司
Beijing United Publishing Co.,Ltd.

作者近影。2019 年 11 月 21 日，马兰摄

中国当代文学家、美学家、史学家、探险家。

一九四六年八月生，浙江人。早在三十岁之前，就独自完成了《世界戏剧学》的宏大构架。至今三十余年，此书仍是这一领域的权威教材。

二十世纪八十年代中期，因三度全院民意测验皆位列第一，被推举为上海戏剧学院院长，并出任上海市中文专业教授评审组组长，兼艺术专业教授评审组组长。曾任复旦大学美学博士答辩委员会主席、南京大学戏剧博士答辩委员会主席。获"国家级突出贡献专家"、"上海十大高教精英"、"中国最值得尊敬的文化人物"等荣誉称号。

在担任高校领导职务六年之后，连续二十三次的辞职终于成功，开始孤身一人寻访中华文明被埋没的重要遗址。所写作品，往往一发表就哄传社会各界，既激发了对"集体文化身份"的确认，又开创了"文化大散文"的一代文体。

二十世纪末，冒着生命危险贴地穿越数万公里考察了巴比伦文明、克里特文明、希伯来文明、阿拉伯文明、印度文明、波斯文明等一系列重要的文化遗址。他是迄今全球唯一完成此举的人文学者，一路上对当代世界文明做出了全新思考和紧迫提醒，在海内外引起广泛关注。

　　他所写的大量书籍，长期位居全球华文书排行榜前列。在台湾，他囊括了白金作家奖、桂冠文学家奖、读书人最佳书奖等多个文学大奖。在大陆，多年来有不少报刊频频向全国不同年龄的读者调查"谁是你最喜爱的当代写作人"，他每一次都名列前茅。二〇一八年，他在网上开播中国文化史博士课程，尽管内容浩大深厚，收听人次却超过了六千万。

　　几十年来，他自外于一切社会团体和各种会议，不理会传媒间的种种谣言讹诈，集中全部精力，以独立知识分子的身份完成了"空间意义上的中国"、"时间意义上的中国"、"人格意义上的中国"、"哲思意义上的中国"、"审美意义上的中国"等重大专题的研究，相关著作多达五十余部，包括《老子通释》、《周易简释》、《佛典译释》等艰深的基础工程。联合国教科文组织、北京大学等机构一再为他颁奖，表彰他"把深入研究、亲临考察、有效传播三方面合于一体"，是"文采、学问、哲思、演讲皆臻高位的当代巨匠"。

　　自二十一世纪初开始，赴美国国会图书馆、联合国总部、哈佛大学、耶鲁大学、哥伦比亚大学等处演讲中国文化，反响巨大。二〇〇八年，上海市教育委员会颁授成立"余秋雨大师工作室";二〇一二年,中国艺术研究院设立"秋雨书院"。

二〇一八年,白先勇、高希均先生赴上海颁授奖匾,铭文为"余秋雨——华文世界最具影响力的一支笔"。

近年来,历任澳门科技大学人文艺术学院院长、香港凤凰卫视首席文化顾问、上海图书馆理事长。(陈羽)

给青少年的信

为厚厚的《中国文化课》出一个"青少版",是一件快乐而又艰难的事。

快乐,是因为惊奇地得知,有大量小朋友花费整整一年时间,天天收听我在网上播出的这门课程。人们告诉我:"六千万人次,年龄从八岁到八十岁。"八岁是太小了,就说十几岁的吧,也让我高兴。因为讲述文化的最终意义,恰恰就是面对年青一代,而他们,迟早又会改写我们的课程。这是一个充满生命活力的动态结构,标志着中国文化的创新主调。我在讲课时曾反复表述一个观点:"中国文化是一条奔流不息的大江,而不是江边的枯藤、老树、昏鸦。"现在好了,有那么多年轻生命大踏步地加入文化课程,我看到了"奔流不息"的前景,当然快乐。

但是,快乐背后是艰难。因为中国文化时间长、体量大、分量重,要为年轻人提供一个恰当的入门图谱,很不容易。所谓"恰当的入门图谱",也就是要在历史坐标和国际坐标中分得清轻重,抓得住魂魄。这件事,我在给博士研究生讲课时已经反复思虑,但是那样的课程对青少年来说毕竟太复杂、太深奥了。这就像把一副沉重的担子压在稚嫩的肩膀上,实在于心不忍。

就说我那本根据网上课程整理而成的《中国文化课》吧，洋洋六百五十页，即使放在成人的书架上都显得太抢眼了，当然更比年轻人书包里的其他书籍厚得多、重得多。每次看到很多不认识的孩子捧着这么一本大书坐在屋子一角慢慢地读，我总觉得心中有愧。能不能让他们所捧持的书本变得更轻便一点儿？

　　——正是这个想法，形成了这个"青少版"。

　　这个版本为年轻读者进入中国文化，划分出了三个方面的课题，标题很轻松：

　　一、了解这些难题；

　　二、记住这些名字；

　　三、熟读这些作品。

　　这三个方面的划分，等于在一个学术迷宫中为年轻人开出了三扇方便之门，指引了三条简捷之路。其中的划分逻辑，也适合青少年的心理节奏，相信他们更乐于接受。

　　相比之下，第一方面的课程要艰深一点儿，其中包含着不少连文化长辈都不敢触碰的难题。我把这些难题放在最前面，不是吓唬你们，而是要用一种特殊的方式吸引你们。我相信，年轻人头脑单纯、干净，反而会使这些难题走向清晰。第二、第三方面的课题，是介绍中国文化的一些伟大创造者和他们的创造成果。我希望年轻读者对这些名字和这些作品从一开始就产生亲切感。你们在以后一定会了解更多的相关内容，但是唯有早年的亲切感，会滋润终生。

　　三个方面的课题分成三册出版，年轻读者可以选一册或两册来读，也可以把三册一一读完。在这之后再去啃我那部厚厚的《中国文化课》原本，就会方便得多。当然，也可以不再去啃。

　　我前面说了，不管是啃还是读，这门课程将来都会被你们改写。

　　最后，我还要感谢雕塑家吴为山先生。正是我在整理《中国文化课》的时候，应邀参观了他在国家博物馆举行的作品展，我看到其中有很多中国古代文化名人的塑像，就想作为插图收入书中。他一口答应，并立即请他夫人送来了塑像的照片。这次编青少年版，仍然采用了其中一部分。这也就可以让青少年读者看到，在文化上，古代和当代有可能产生如何美好的形象沟通。

余秋雨
于 2020 年 1 月

目录

CONTENTS

四点说明

一、学习中国文化，不应该停留在评论和讲述，而必须面对作品。但是，传媒间有不少课程在介绍文化作品时不分高低轻重，致使中国文化断筋失魂，因此迫切地需要提醒青少年读者懂得选择。选择最终是自己的事情，但在开始阶段应该获得师长帮助。今天，我就自告奋勇地充当这样的师长，选的标准比较严格。

二、文化的门类很多，但是值得不同职业的人共同记忆的，主要是文学艺术作品。我的选择也主要集中在文学领域，唯有《老子》，介乎哲学与文学之间，也因为极其重要，选择了部分章节。

三、我的选择，顺着历史程序依次形成的"大文体"排列，如楚辞、唐诗、宋词等等。我在每个部分都做了概括性的引导。每个部分所列的作品目录，分"基础记忆"和"扩大记忆"两个层次。对于青少年读者而言，熟悉"基础记忆"里的篇目就可以了。似乎还是有点多，建议在浏览之后先找几篇有"眼缘"的来读，再逐渐增加。至于"扩大记忆"的篇目，我是为"秋雨书院"的博士研究生开列的，你们等过些年再找时间读不迟。

四、我在不同历史阶段的"大文体"中，都选了一些代表作品翻译成当代散文，而且，是诗化散文。这与一般的"古文译注"很不相同，是要抉发出原作本身的浩瀚诗情。文辞古今有异，诗情千年相通。我不希望今天的青少年读者在艰涩译注的泥淖中滞留太久，因为这样就会失去原作的魂魄和神采。为此，我特地把今译放在原作之前，青少年读者不妨先从诵读今译开始，领略跨越时空的诗情，然后再进入原作，达到"拥抱古今"的自由境界。

第一节
《诗经》导读

    《诗经》是中国第一部诗歌总集，创作于三千年前至两千五百年前这五百年间。共三百零五首，原来都是乐歌，可唱可舞。汉代儒家学者把它们奉为经典，故称《诗经》。一个民族，能够以"诗"为"经"，可见从一开始就文脉雄健。

    《诗经》分《风》、《雅》、《颂》三部分。《风》为地方乐歌，《雅》为宫城乐歌，《颂》为祭祀乐歌。

    大家在吟诵《诗经》的时候，不要仅仅以为是在读一些古诗。这是中国文化的真正起点，连端庄渊博的诸子百家、叱咤风云的军政强人也都曾熟记于心。一种庞大而悠久的文化居然有这样美丽的起点，实在让人觉得不可思议。我们也许会为此而深感惭愧，因为几千年来常常忘了这番波光云影，这番花香鸟鸣，这番青春痴情，这番家常人伦。

基础记忆

    1.《关雎》（关关雎鸠，在河之洲）；

2.《桃夭》(桃之夭夭,灼灼其华);

3.《汉广》(南有乔木,不可休思);

4.《凯风》(凯风自南,吹彼棘心);

5.《静女》(静女其姝,俟我于城隅);

6.《淇奥》(瞻彼淇奥,绿竹猗猗);

7.《氓》(氓之蚩蚩,抱布贸丝);

8.《采葛》(彼采葛兮,一日不见,如三月兮);

9.《子衿》(青青子衿,悠悠我心);

10.《出其东门》(出其东门,有女如云);

11.《伐檀》(坎坎伐檀兮,置之河之干兮,河水清且
涟猗);

12.《硕鼠》(硕鼠硕鼠,无食我黍);

13.《蒹葭》(蒹葭苍苍,白露为霜);

14.《月出》(月出皎兮,佼人僚兮);

15.《鹿鸣》(呦呦鹿鸣,食野之苹);

16.《伐木》(伐木丁丁,鸟鸣嘤嘤);

17.《蓼莪》(蓼蓼者莪,匪莪伊蒿);

18.《振鹭》(振鹭于飞,于彼西雍)。

扩大记忆

1.《鹊巢》(维鹊有巢,维鸠居之);

2.《江有汜》(江有汜,之子归,不我以);

3.《柏舟》(泛彼柏舟,亦泛其流);

4.《谷风》(习习谷风,以阴以雨);

5.《二子乘舟》(二子乘舟,泛泛其景);

6.《相鼠》(相鼠有皮,人而无仪);

7.《硕人》(硕人其颀,衣锦褧衣);

8.《将仲子》(将仲子兮,无逾我里,无折我树杞);

9.《葛生》(葛生蒙楚,蔹蔓于野);

10.《黄鸟》(交交黄鸟,止于棘);

11.《东门之池》(东门之池,可以沤麻);

12.《东山》(我徂东山,慆慆不归);

13.《常棣》(常棣之华,鄂不韡韡);

14.《采薇》(采薇采薇,薇亦作止);

15.《我行其野》(我行其野,蔽芾其樗);

16.《斯干》(秩秩斯干,幽幽南山)。

第二节
《诗经》选读

关雎

关关雎鸠，在河之洲。 窈窕淑女，君子好逑。

参差荇菜，左右流之。 窈窕淑女，寤寐求之。

求之不得，寤寐思服。 悠哉悠哉，辗转反侧。

参差荇菜，左右采之。 窈窕淑女，琴瑟友之。

参差荇菜，左右芼之。 窈窕淑女，钟鼓乐之。

今译：

快乐的鸠鸟，欢叫在河洲。 美丽的姑娘，是我的渴求。

参差不齐的荇菜，摆动得像水流。 美丽的姑娘，我日夜都在追求。

求之不得，不知如何。 想着想着，辗转反侧。

参差不齐的荇菜，我左右采摘。 美丽的姑娘，我要向你弹奏琴瑟。

参差不齐的荇菜，我左右选择。 美丽的姑娘，我要敲着钟鼓让你快乐。

　　这是《诗经》的首篇，中国文脉有这么一个轻快而又絮叨的恋情开头，令人高兴。

静女

　　　　静女其姝，俟我于城隅。 爱而不见，搔首踟蹰。
　　　　静女其娈，贻我彤管。 彤管有炜，说怿女美。
　　　　自牧归荑，洵美且异。 匪女之为美，美人之贻。

今译：

　　又静又美的姑娘，等我在城角。 故意躲着不露面，让我乱了手脚。

　　又静又美的姑娘，送我一支红色的洞箫。 洞箫闪着光亮，我爱这支洞箫。

　　她又送我一束牧场的荑草，这就美得有点儿蹊跷。 其实，美的是人，而不是草。

　　这首诗，在平静的语言中，有一种空疏有味的诗的色调。

氓

这首诗比较长，我要边讲解，边翻译。

原文的开头是：

> 氓之蚩蚩，抱布贸丝。匪来贸丝，来即我谋。

这里的"氓"字，并没有后来"流氓"的负面意义，而只是指平民男子、外来男子。这首诗的男主角，一个平民青年，哧哧地笑着，手抱着一匹布，说要来交换丝。但女孩一眼就看穿了，哪里是来换丝啊，明明是借口，目的是要来求婚。

对于这个男子，女孩子的言行非常得体。她说：这么来求婚是不行的，你还缺少一个好媒人。今天就回去吧，我送送你，与你一起涉过淇水，送到顿丘。不是我故意拖延，请你不要灰心，我们约好在秋天吧，你找好了媒人再过来。

于是我们可以看下面几句原文了：

> 送子涉淇，至于顿丘。匪我愆期，子无良媒。将子无怒，秋以为期。

约好的秋天，很快就到了。女孩子在墙边等啊等，一直等不到人，不免泣涕涟涟。但终于还是等到了，于是就载笑载言，好不高兴。那个男子还去为婚事占卜了，一切都好。于是，就用车把女孩子拉走了，还载走了不少嫁妆，两人结婚了。

请看这一段原文：

乘彼垝垣，以望复关。不见复关，泣涕涟涟。既见复关，载笑载言。尔卜尔筮，体无咎言。以尔车来，以我贿迁。

那么，结婚之后情况如何呢？这就是《氓》这首诗让人伤心的中心内容了。简单说来，这个当初抱着布匹哧哧笑着上门的男青年，实在不是一个好丈夫。作为妻子的"我"流了太多的眼泪，终于要倾诉一下自己的感受了。她的倾诉，是从告诫其他未婚的女孩子开始的——

桑之未落，其叶沃若。于嗟鸠兮，无食桑葚。于嗟女兮，无与士耽。士之耽兮，犹可说也。女之耽兮，不可说也。

翻译一下就是——

桑树还未凋落的时候，叶子很鲜嫩。斑鸠鸟啊，不要贪嘴吃那么多桑葚。姑娘啊，你们更要当心，不要太迷恋男人。男人迷恋进去了还能脱身，女人迷恋进去了，就很难脱身！

告诫过未婚的女孩子，这位妻子就要倾诉自己的经历了。她转身对着负心的丈夫说了一段话，说得滔滔不绝——

桑之落矣，其黄而陨。自我徂尔，三岁食贫。淇水汤汤，渐车帷裳。女也不爽，士贰其行。士也罔极，二三其德。三岁为妇，靡室劳矣。夙兴夜寐，靡有朝矣。言既遂矣，至于暴矣。兄弟不知，咥其笑矣。静言思之，躬自悼矣。及尔偕老，老使我怨。淇则有岸，隰则有泮。总角之宴，言笑晏晏。信誓旦旦，不思其反。反是不思，亦已焉哉！

这一长段，有一百二十字，我翻译成当今白话，听起来也还是一番千年不变的夫妻家常。她是这么说的——

桑树终于落叶了，枯黄飘零。自从我到你家，一直贫困。现在我又要涉过淇水回娘家了，河水溅湿了布巾。我没有做错什么，你却那么无情。你总是变化无常，没有德行。

做妻子那么多年，家务全由我包了，夙兴夜寐，天天辛劳。该做的事情都已经做了，你却越来越粗暴。兄弟们不知情，还在边上嘲笑。我无言苦思，只能自己为自己哀悼。说好一起变老，老了却让我气恼。淇水有岸，沼泽有边，未嫁之时，你是多么讨好，信誓旦旦，全都扔了。既然扔了，也就罢了！

这实在是一首好诗，估计作者是一位女性。

子衿

青青子衿，悠悠我心。纵我不往，子宁不嗣音？
青青子佩，悠悠我思。纵我不往，子宁不来？
挑兮达兮，在城阙兮。一日不见，如三月兮。

今译：

青青的是你的衣襟，悠悠的是我的心情。纵然我没有去找你，你为什么不带来一点儿音讯？

青青的是你的玉带，悠悠的是我的期待。纵然我没有去找你，你为什么也不过来？

走来走去，总在城阙。一日不见，如隔三月。

　　我很喜欢"青青子衿，悠悠我心"这样的诗句，不是把深深的思念寄托于其他象征物件，而是直接寄托在对方的衣襟和玉带上。这可以让人想见，他们两人曾经贴身亲近的时分。

蒹葭

　　我们只选前面八句吧——

　　　　蒹葭苍苍，白露为霜。所谓伊人，在水一方。
　　　　溯洄从之，道阻且长。溯游从之，宛在水中央。

今译：

　　芦苇苍苍，白露为霜。心中的人，在水的那一方。
　　逆水去找，坎坷漫长。顺水去找，她就像在水中央。

　　当时的句子和现代的句子，已经差别不大。由此可见中国文字从《诗经》出发到今天的千年畅达。

第三节
诸子文笔导读

我在《中国文脉》一书中，对先秦诸子的文学品相做了一个排序。次序为：庄子、孟子、老子、孔子、韩非子、墨子。

我还陈述了这样排列的理由。

我先从屈居第四位的孔子说起。孔子在文学上是中国语录式散文体裁的开创者，他以端庄、忠厚、恳切的语调，给了中国文脉一种朴实的正气，延绵久远。这本来已是文功赫赫，没想到被一个另辟奇境的老子超越了。老子的语言，如刀切斧劈的上天律令，以极少之语，蕴极深之义，使每个汉字都重似千钧。简单说来，孔子定下了汉语的基调，老子则提升了汉语的品质。因此，老子被排在了孔子的前面。

那么，孟子怎么又出现在他们两位老人家前面了呢？原因是，孟子的文辞大气磅礴、浪卷潮涌、畅然无遮、情感浓烈，他让中国语文摆脱了左顾右盼的过度礼让，连接成一种马奔车驰的畅朗通道。文脉到他，气血健旺，精神抖擞，注入了一种"大丈夫"的生命格调。

可见，这主要是从文脉着眼的。如果就思想论，他只是老子和孔子的隔代学生。

　　庄子排在第一，是因为他的文学素养已经远远高出于当时所有思想家、哲学家的水准，获得了一种天真的艺术方位。表面上看，他的人生调子很低。他不会站在讲台上教化世人，相反，他以孩子般的目光问出了一串串起点性的问题。但这些起点性的问题如此重要，实际上已触及世界和人生的底部。他像欧洲那个看穿"皇帝的新衣"的小孩，把什么都看穿了。更重要的是，他用极富想象力的寓言，讲述了一个又一个令人难忘的故事，这就使他成了那个思想巨人时代的异类。奇怪的是，在以后漫长的历史中，诸子百家各有门派、各有异议，但唯有庄子，几乎人人喜欢。由此可见，形象大于思维，文学大于哲学。

　　至于韩非子和墨子，本身都不在乎文学，但他们的论述干净、雄辩、简洁、明快，让人产生一种阅读上的愉悦，因此也具备文学素质。而且，他们在历史上作为呼风唤雨的实干家形象，也让人产生文学之外的动人想象，增加了他们的文化魅力。

　　以上说的是"基础记忆"。在"扩大记忆"部分，加了《尚书》、《礼记》这两部儒家经典。而《战国策》则反映了当时"纵横家"的一些思路。

基础记忆

1. 庄子:《逍遥游》、《齐物论》、《大宗师》、《至乐》、《秋水》;

2. 孟子:《梁惠王》、《尽心》、《离娄》、《万章》、《告子》、《公孙丑》、《滕文公》;

3. 老子:《老子》;

4. 孔子:《论语》中之《学而》、《为政》、《里仁》、《雍也》、《述而》、《卫灵公》;

5. 韩非子:《五蠹》、《难一》、《喻老》、《安危》、《观行》、《解老》;

6. 墨子:《非攻》、《亲士》、《兼爱》、《修身》、《尚贤》;

7. 荀子:《劝学》、《致士》、《性恶》、《儒效》、《王制》。

扩大记忆

1. 庄子:《天下》、《盗跖》、《让王》、《山木》、《养生主》;

2. 孔子:《论语》中之《公冶长》、《阳货》、《颜渊》、《子罕》、《宪问》;

3. 《尚书》:《洪范》、《酒诰》、《大禹谟》、《周官》、《皋陶谟》;

4.《礼记》:《礼运》、《学记》、《中庸》、《乐记》、《檀弓》、《经解》;

5. 孙子:《孙子兵法》中之《军形篇》、《兵势篇》、《始计篇》、《地形篇》;

6. 商鞅:《商君书》中之《立本》、《更法》、《开塞》、《赏刑》;

7.《战国策》:《秦策》、《楚策》、《赵策》。

第四节
《老子》今译选读

小序

"《老子》今译"这件事，我足足准备了三十年。原因是，无论研究中国文化史，还是考察国际上对中国文化的认知，都一次次感受到老子的重要。而且，既是起点性的重要，又是终极性的重要。

在学术著作《中国文脉》、《修行三阶》、《北大授课》中，我都用很大的篇幅论述了老子。在本课程的第二、第三单元，我讲解老子的时间也特别长。在其他著作中，我还记述了自己与希腊哲学家讨论老子的情景。

记得在世界图书馆馆长会议上，我以上海图书馆理事长的身份发表演说，告诉各国同行，中国最早的图书馆馆长是两千五百多年前的老子，他执掌着周朝的"国家图书馆"。当然，他也应该是全世界最老的、有名有姓有著作的图书馆馆长。我说到这里，世界各国的图书馆馆长都给予了长时间的热烈掌声。

不管怎么说，老子已经深深锲入了我的话语系统。按照我的文化习惯，早就应该把他的五千字《老子》翻译成现代散文了，却遇到了两大障碍。第一障碍是，他的文字简约圣洁，如天颁谕旨，难以撼动，更难翻译；第二障碍是，从韩非、王弼开始，历来有关《老子》的注疏、训诂、考订的著作多达数百种，许多见解各不相同，当代又有了马王堆出土的两种帛书，我若要翻译，就应该细致地研究这些著作，从而勘定老子每句话的歧义、衍义和真义，但这在时间上实在不允许。

因此，那么多年，这件事就搁下了。我已经在一系列学术著作中陆续完成了对中国古代很多文学、艺术、哲学、宗教文本的今译，却一直没有惊动老子。尽管，我还在不断讲述他，而且一直在研读王弼《道德经注》、河上公《老子章句》、苏辙《老子解》、马叙伦《老子校诂》、高亨《老子正诂》等著作。终于，发生了一件事，躲不过去了。

课程以音频播出时，"只能听，不能看"，而《老子》的词句离开了文字呈现则很难被当代学员听明白。于是，为了课程，为了讲述，为了数千万人次的听众，我把《老子》八十一章全部翻译成了当代口语。

《老子》今译，社会上已有过一些版本。记得一开始有很多学员要我推荐，我总是推荐两种，一是中国社会科学院任继愈先生的《老子新译》，二是旅美学者陈鼓应先生的《老子注译及评介》。

既然推荐，当然是出于肯定，而且我对这两位先生也都很尊敬。但是，《老子》太宏大了，值得后人从不同的角度仰望。他们的这两个译本在不少地方与我颇有距离，因而促使我在尊敬之余另开译笔。

各种距离之中，值得笑谈的是我的文学感应。我非常喜欢老子斩钉截铁、铿锵有力的语言魅力，而任继愈、陈鼓应先生则更多地考虑阐释意涵，不太在乎文学。

例如，老子说"天下有始以为天下母"，这个"母"的比喻非常精彩，接下来他还把这个比喻衍生到"子"，组成了母子关系的完整比喻。但是，陈先生把"母"翻译成了"根源"，把"子"翻译成了"万物"，那就放弃了比喻，也放弃了文学。

又如，老子哲学中有一个既重要又形象的概念叫"啬"，陈先生把它翻译成"爱惜精力"，少了味道。因为只有"爱惜"到"吝啬"的程度，才有文字冲击力。

更有不少句子，早已如雷贯耳，不必翻译。例如老子说"千里之行，始于足下"，大家都懂，任先生把它翻译成了"千里的远行，在脚下第一步开始"，这种语言节奏就不是我所能接受的了。

还有很多地方，任先生和陈先生都用温和的解释性语言把老子的"极而言之"冲淡了，拉平了，失去了醒豁之力。例如，老子说"五色令人目盲，五音令人耳聋"，语气多么痛快，陈先生将其翻译成"缤纷的色彩使人眼花缭乱，纷杂的音调使人听觉不敏"，这就造成了词语烈度上的严重后退，在修辞上有点儿遗憾。

——这些，都是很不重要的文字技术细节，我举以为例，只想表达我在学术视角之外还有一个小小的文学视角，并借此说明我的翻译所追求的境界。那就是，让当代读者更有质感、更简捷地倾听老子，不要让一层层的阐释丝网把他隔远了。老子的不少句子说得非常爽利又并不玄奥，我就让它们原样保留。有的章节只排除了一些词语障碍，就能使当代读者朗诵得畅达无阻。这样的译本就在当代语文中构成一种包含着不少古典美文的有趣"复调"，让古今语文相拥而笑。

《老子》永远会被一代代读者反复解释和翻译，不同的视

角都是为了更加贴近老子的音容笑貌。因此，在他名下的各
种声音永远会是热闹而又快乐的。

在这种热闹的快乐中，时间和空间都被无限度穿越，一
位老人和一种文化的生命力，让我们深感自豪。

好，那就开始我们的今译吧。

道，说得明白的，就不是真正的道。名，说得清楚的，
就不是真正的名。无名，是天地的起点。有名，是万物的
依凭。所以，我们总是从"无"中来认识道的奥秘，总是从
"有"中来认识物的界定。其实，这两者是同根而异名，都很
深玄。玄之又玄，是一切奥妙之门。

天地并不仁慈，只让万物自生自灭。圣人也不仁慈，只
让百姓自生自灭。天地之间，就像风箱，虽是空的，却是无
穷，一旦发动，就能出风。政令太多，总是不通，不如守中。

上善若水。水乐于滋润万物而不争，只去人们不喜欢的
地方，所以与道最为接近。处身低位，存心深沉，对人亲仁，
言语诚信，为政清晰，办事有能，适时动静。正因为什么也

不争，所以没有什么毛病。

五色令人目盲，五音令人耳聋，五味令人口伤，驰骋打猎令人心中发狂，稀有货品令人产生邪想。因此，圣人只求安饱而不求声色，摒去声色只取安饱。

大道废弛，才倡仁义；智巧出现，才有大伪；家庭不和，才倡孝慈；国家昏乱，才有忠臣。

有一个东西浑然而成，先于天地，无声无形，独立不改，周行不停，是天下万物之本。我不知道它的名字，那就称为"道"吧，也可勉强叫作"大"。"大"会远行，因此又称"远"；"远"会返回，因此又称"反"。所以，道大，天大，地大，人也大。寰宇间有这四大，人居其一。它们之间，人取法地，地取法天，天取法道，道取法自然。

认识别人，叫作"智"；认识自己，叫作"明"。战胜别人，叫作"有力"；战胜自己，叫作"强"。知足者富，坚持者可谓有志，不失根基就能长久，死而不亡才是真正的长寿。

反，是道的运动；弱，是道的作用。 天下万物生于"有"，而"有"生于"无"。

道生一，一生二，二生三，三生万物。 万物抱负着阴阳，阴阳两气对冲而和成。 人们厌恶的"孤"、"寡"、"不谷"，王公却用来自称。 可见，一切事物，减损反有增益，增益反有减损。 这是人之所教，我也拿来教人。"强梁者不得其死"，我将以此为教本。

不出门，知天下；不窥窗，见天道。 走得越远，知道越少。 因此，圣人不行而知，不见而明，不为而成。

知者不言，言者不知。 塞住口，闭其门，挫其锐，解其纷，含敛光耀，混同世尘，这就叫"玄同"，玄妙大同之境。 在这里，不分亲疏，不分利害，不分贵贱，所以被天下尊敬。

治大国，就好像煎小鱼。 以道治国，鬼怪就不能混同于神。 鬼怪不神，而神本身又不伤人。 不仅神不伤人，圣人也不伤人。 彼此都不相伤，归德于民，相安无事。

局面安稳，容易持守。未出预兆，容易图谋。脆弱之时，容易消解。细微之时，容易流走。在未有时动手，在未乱时统筹。合抱之木，生于毫末。九层之台，始于累土。千里之行，始于足下。过于作为，必然败亡；过于执持，必然失去。所以，圣人无为，也就无败；无执，也就无失。人们做事，常败在即将成功之时。若能像开始时一样谨慎，就不会失败。因此，圣人的欲望就是不欲，对稀有之物并不看重；圣人的学问就是不学，弥补众人过错，辅助万物自然，不敢另有作为。

江海所以能为百谷王者，只因为善于自处，处于下方，天道以"下"为王。因此，若要统治人民，必先出言谦卑；若要率领人民，必先置身人后。对圣人而言，即使处于上方也不让人民负重，即使处于前方也不对人民有碍。因此，天下乐于推举他而不厌倦。因为他不争，所以天下没有人能与他争。

人活着的时候是柔弱的，死了就僵硬。万物草木活着的时候都又柔又脆，死了就会枯槁。因此，强硬属死亡一族，柔弱属生存一族。所以，兵强必灭，木强必折。强硬为下，柔弱为上。

国家要小，人民要少。器具虽多而不用，民众重死不远迁，虽有船车不乘坐，虽有武器不陈列，使人民回到结绳记事的状态。吃得香甜，穿得漂亮，住得安适，乐其风俗。邻国相望，鸡犬之声相闻，老死不相往来。

信言不美，美言不信；善者不辩，辩者不善；知者不博，博者不知。圣人不喜积藏，尽力帮助别人，自己反更充足；尽力给予别人，自己反更增多。天之道，利而不害；圣人之道，为而不争。

第五节
《老子》原文选读

道可道，非常道；名可名，非常名。无名天地之始，有名万物之母。故常无欲，以观其妙；常有欲，以观其徼。此两者同出而异名，同谓之玄，玄之又玄，众妙之门。

天地不仁，以万物为刍狗；圣人不仁，以百姓为刍狗。天地之间，其犹橐籥乎？虚而不屈，动而愈出。多言数穷，不如守中。

上善若水。水善利万物而不争，处众人之所恶，故几于道。居善地，心善渊，与善仁，言善信，政善治，事善能，动善时。夫唯不争，故无尤。

五色令人目盲，五音令人耳聋，五味令人口爽，驰骋畋猎令人心发狂，难得之货令人行妨。是以圣人为腹不为目，故去彼取此。

大道废，有仁义；智慧出，有大伪；六亲不和，有孝慈；国家昏乱，有忠臣。

有物混成，先天地生。寂兮寥兮，独立不改，周行而不殆，可以为天下母。吾不知其名，字之曰道，强为之名曰大。大曰逝，逝曰远，远曰反。故道大，天大，地大，人亦大。域中有四大，而人居其一焉。人法地，地法天，天法道，道法自然。

知人者智，自知者明。胜人者有力，自胜者强。知足者富，强行者有志，不失其所者久，死而不亡者寿。

反者，道之动；弱者，道之用。天下万物生于有，有生于无。

道生一，一生二，二生三，三生万物。万物负阴而抱阳，冲气以为和。人之所恶，唯孤寡不谷，而王公以为称。故物，或损之而益，或益之而损。人之所教，我亦教之。强梁者不得其死，吾将以为教父。

不出户，知天下；不窥牖，见天道。其出弥远，其知弥少。是以圣人不行而知，不见而明，不为而成。

知者不言，言者不知。塞其兑，闭其门，挫其锐，解其纷，和其光，同其尘，是谓玄同。故不可得而亲，不可得而疏；不可得而利，不可得而害；不可得而贵，不可得而贱，故为天下贵。

治大国若烹小鲜。以道莅天下，其鬼不神。非其鬼不神，其神不伤人；非其神不伤人，圣人亦不伤人。夫两不相伤，故德交归焉。

其安易持，其未兆易谋，其脆易泮，其微易散。为之于未有，治之于未乱。合抱之木，生于毫末；九层之台，起于累土；千里之行，始于足下。为者败之，执者失之。是以圣人无为，故无败；无执，故无失。民之从事，常于几成而败之。慎终如始，则无败事。是以圣人欲不欲，不贵难得之货。学不学，复众人之所过。以辅万物之自然，而不敢为。

江海之所以能为百谷王者，以其善下之，故能为百谷王。是以欲上民，必以言下之；欲先民，必以身后之。是以圣人处上而民不重，处前而民不害，是以天下乐推而不厌。以其不争，故天下莫能与之争。

人之生也柔弱，其死也坚强。万物草木之生也柔脆，其死也枯槁。故坚强者死之徒，柔弱者生之徒。是以兵强则灭，木强则折。强大处下，柔弱处上。

小国寡民，使有什伯之器而不用，使民重死而不远徙。虽有舟舆，无所乘之；虽有甲兵，无所陈之；使民复结绳而用之。甘其食，美其服，安其居，乐其俗。邻国相望，鸡犬之声相闻，民至老死不相往来。

信言不美，美言不信；善者不辩，辩者不善；知者不博，博者不知。圣人不积，既以为人，己愈有；既以与人，己愈多。天之道，利而不害；圣人之道，为而不争。

第六节
《逍遥游》今译

说明:《逍遥游》篇名这三个字,早已成了我的人生理想和艺术理想。庄子首先是大哲学家,安踞先秦诸子中的至高地位,却又顺便成了大散文家。因此,他的文章,是哲学和文学的最佳融结。由他开始,中国哲学始终渗透着诗意,而中国文学则永远叩问着天意。

下面是我对《逍遥游》的今译。

北海有鱼,叫鲲。鲲之大,不知有几千里。它化为鸟,就叫作鹏。鹏之背,也不知有几千里。奋起一飞,翅膀就像天际的云。这大鸟,飞向南海;那南海,就是天池。

《齐谐》这本记载怪异之事的书中说:"鹏鸟那次飞南海,以翅击水三千里,直上云霄九万里,一路浩荡六月风。"大鹏从上往下看,只见野马般的雾气和尘埃相互吹息。天色如此青苍,不知是天的本色,还是因为深远至极而显现这种颜色?

积水不厚，就无力承载大舟。如果倒一杯水在堂下小洼，只能以芥草为舟。放上一个杯子就胶着不能动了，这是水浅而船大的缘故。同样，积风不厚，就无力承载巨翅。所以，大鹏在九万里之间都把风压在翅下，才凭风而飞，背负青天，无可阻挡，直指南方。

寒蝉和小鸠在一起讥笑大鹏："我们也飞上去过嘛，穿越榆树和檀枝，飞不过去了就老老实实回到地面，何必南飞九万里？"

是啊，如去郊游，只要带三餐就饱；如出百里，就要舂一宿之米；如走千里，就要聚三月之粮。这个道理，那两个小虫怎么能懂？

小智不懂大智，短暂不知长久。你看，朝菌活不过几天，寒蝉活不过几月，这就叫短暂。但是，楚国南部有一只大龟叫冥灵，把五百年当作一个春季，再把五百年当作一个秋季；古代那棵大椿树就更厉害了，把八千年当作一个春季，再把八千年当作一个秋季。这就叫长久，或者说长寿。最长寿的名人是彭祖，众人老想跟他比，那不是很悲哀！

商汤和他的贤臣棘，同样在谈论鲲鹏和小鸟的话题。他们也这样说，极荒之北有大海天池，那里有鱼叫鲲，宽几千

南冥者天池也

鹏之徙於南冥也

水击三千里抟

扶摇而上者九万

里去以六月息者

也野马也尘埃

也生物之以息相吹

也天之苍苍其正

邪其远而无所至

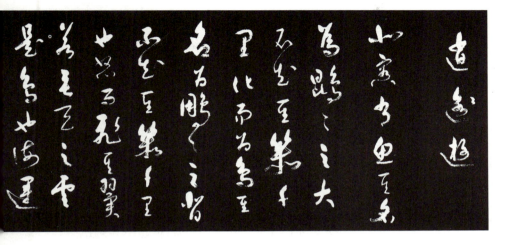

庄子《逍遥游》（余秋雨草书，局部）

里，长不可知；有鸟叫鹏，背如泰山，翅如天云，扶摇直上九万里，超云雾，背青天，去南海。但是，水塘里的小雀却讥笑起来："它要去哪里？像我，也能腾跃而上，飞不过数仞便下来，在草丛间盘旋。所谓飞翔，也不过如此吧，它还想去哪里？"这就是大小之别。

且看周围那些人，既有做官的本事，又有乡间的名声，既有君主的认可，又有征召的信任，他们对自己的看法，大概也像小雀这样的吧？难怪，智者宋荣子要嘲笑他们。

宋荣子这样的人就不同了。举世赞誉他，他也不会来劲；举世非难他，他也不会沮丧。他觉得，人生在世，分得清内外，认得清荣辱，也就可以了，何必急于求成。

但是，即使像宋荣子这样，也还没有树立人生标杆。请看那个列子，出门总是乘风而行，轻松愉快，来回半个月路程。对于求福，从不热切。然而，列子也有弱点，他尽管已经不必步行，却还是需要有所凭借，譬如风。

如果有人，能够乘着天地之道，应顺自然变化，遨游无穷之境，那么，他还会需要凭借什么呢？

因此，结论是——至人不需要守己；神人不需要功绩；圣人不需要名声。

尧帝要把天下让给许由，对他说："日月都出来了，火炬还没有熄灭，那光，不就难堪了吗？大雨就要下了，灌溉还在进行，那水，不就徒劳了吗？先生出来，天下大治，如果我还空居其位，连自己也觉得不对。那就请容我，把天下交给你。"

许由回答道："你治天下，天下已治。我如果来替代你，为了什么？难道为名？那么，名是什么？名、实之间，实为主人，名为随从。莫非，我要做一个无主的随从？要说名，你看鹪鹩，名为筑巢深林，其实只占了一枝；再看鼹鼠，名为饮水河上，其实只喝了一肚。"

"请回去休息吧，君王。我对天下无所用。"许由说，"厨子不想下厨了，也不能让主祭人越位去代替啊！"

那天，一个叫肩吾的人告诉友人连叔："我最近听了一次接舆先生的谈话，实在是大而无当，口无遮拦。他说得那么遥而无极，非常离谱，不合世情，我听起来有点儿惊恐。"

"他说了什么？"连叔问。

"他说：'在遥远的姑射山上住着一位神人。肌肤如冰雪，风姿如处女，不食五谷，吸风饮露，乘云气，驾飞龙，游四海之外。他只要把元神凝聚，就能祛灾而丰收。'"肩吾说，

"我觉得他这话，虚妄不可信。"

连叔一听，知道了肩吾的障碍，便说："是啊，盲人无以欣赏文采，聋者无以倾听钟鼓。岂止形体有盲聋，智力也是一样。我这话，是在说你呢！"

连叔继续说下去："那样的神人，那样的品貌，已与万物合一。世上太多纷扰，而他又怎么会在乎天下之事？那样的神人，什么东西也伤不着他，滔天洪水也淹不了他，金熔山焦也热不了他。即便是他留下的尘垢秕糠，也能铸成尧舜功业。他，怎么会把寻常物理当一回事？"

宋人要到越国卖帽子，但是越人剪过头发文过身，用不着。尧帝管理过了天下之民，治理过了天下之政，也已经用不着什么"帽子"。他到汾水北岸去见姑射山上的四位高士，恍惚间，把自己所拥有的天下权位，也给忘了。

惠施对庄子说："魏王送给我大葫芦的种子，我种出来一看，容量可装五石。拿去盛水，却又怕它不够坚牢。剖开为瓢，还是太大，不知道能舀什么。你看，要说大，这东西够大，因为没用，只好砸了。"

庄子说："先生确实不善于用大。宋国有一家人，祖传一种防皲护手药，便世世代代从事漂洗。有人愿出百金买这个药方，这家人就聚集在一起商议，说我们世代漂洗，所得不过数金，今天一下子就卖得百金，那就卖吧。那个买下药方的人，把这事告诉了吴王。正好越国发难，吴王就派他率部，在冬天与越人水战，因为有了那个防皲药方，使越军大败，吴王就割地封赏他。你看，同是一个药方，用大了可以凭它获得封赏，用小了只能借它从事漂洗，这就是大用、小用之别。现在你既然有了五石大葫芦，为什么不来一个大用，做成一个腰舟挂在身上，去浮游江湖？如果老是担忧它没有用，心思就被蓬草缠住了。"

惠施还是没有明白，对庄子说："我有一棵大树，人家叫它樗，树干臃肿而不合绳墨，小枝卷曲而不中规矩，实在无用，长在路旁，木匠一看便转身离去。刚才先生的话，听起来也是大而无用，恐怕众人也会转身离去。"

庄子进一步劝说惠施："无用？有用？你难道没见过野猫和黄鼠狼吗？它们多么能干，既可以躬身埋伏，等候猎物；又可以东西跳梁，不避高下。结果，陷于机关，死于网猎。"

"要说实用，连身大如云的牦牛，虽可大用，却逮不着老鼠。"庄子又加了一句。

"今天你拥有一棵大树，却在苦恼它无用！"庄子继续说，

"能不能换一种用法？例如，把它移栽到无边无际的旷野里，你可以毫无牵挂地徘徊在它身边，可以逍遥自在地躺卧在它脚下。刀斧砍不着它，什么也害不了它。它确实无用，却为何困苦？"

第七节
《逍遥游》原文

　　北冥有鱼，其名为鲲。鲲之大，不知其几千里也；化而为鸟，其名为鹏。鹏之背，不知其几千里也；怒而飞，其翼若垂天之云。是鸟也，海运则将徙于南冥。南冥者，天池也。《齐谐》者，志怪者也。《谐》之言曰："鹏之徙于南冥也，水击三千里，抟扶摇而上者九万里，去以六月息者也。"野马也，尘埃也，生物之以息相吹也。天之苍苍，其正色邪？其远而无所至极邪？其视下也，亦若是则已矣。且夫水之积也不厚，则其负大舟也无力。覆杯水于坳堂之上，则芥为之舟，置杯焉则胶，水浅而舟大也。风之积也不厚，则其负大翼也无力。故九万里，则风斯在下矣，而后乃今培风；背负青天，而莫之夭阏者，而后乃今将图南。蜩与学鸠笑之曰："我决起而飞，抢榆枋，时则不至，而控于地而已矣，奚以之九万里而南为？"适莽苍者，三餐而反，腹犹果然；适百里者，宿舂粮；适千里者，三月聚粮。之二虫又何知！

　　小知不及大知，小年不及大年。奚以知其然也？朝菌不知晦朔，蟪蛄不知春秋，此小年也。楚之南有冥灵者，以五百岁为春，五百岁为秋；上古有大椿者，以八千岁为春，八千岁为秋，此大年也。而彭祖乃今以久特闻，众人匹之，不亦悲乎！汤之问棘也是已。穷发之北，有冥海者，天池也。有鱼焉，其广数千里，未有知其修者，其名为鲲。有鸟焉，其名为鹏，背若太山，翼若垂天之云，抟扶摇羊角而上者九万里，绝云气，负青天，然后图南，且适南冥也。斥鴳笑之曰："彼且奚适也？我腾跃而上，不过数仞而下，翱翔蓬蒿之间，此亦飞之至也。而彼且奚适也？"此小大之辩也。

　　故夫知效一官，行比一乡，德合一君，而征一国者，其自视也，亦若此矣。而宋荣子犹然笑之。且举世而誉之而不加劝，举世而非之而不加沮，定乎内外之分，辩乎荣辱之境，斯已矣。彼其于世，未数数然也。虽然，犹有未树也。夫列子御风而行，泠然善也，旬有五日而后反。彼于致福者，未数数然也。此虽免乎行，犹有所待者也。若夫乘天地之正，而御六气之辩，以游无穷者，彼且恶乎待哉？故曰：至人无己，神人无功，圣人无名。

　　尧让天下于许由，曰："日月出矣，而爝火不息，其于光也，不亦难乎！时雨降矣，而犹浸灌，其于泽也，不亦劳乎！夫子立而天下治，而我犹尸之，吾自视缺然。请致天下。"许由曰："子治天下，天下既已治也，而我犹代子，吾将为名乎？名者，实之宾也，吾将为宾乎？鹪鹩巢于深林，不过一枝；偃鼠饮河，不过满腹。归休乎君，予无所用天下为！庖人虽不治庖，尸祝不越樽俎而代之矣。"

　　肩吾问于连叔曰："吾闻言于接舆，大而无当，往而不返。吾惊怖其言犹河汉而无极也，大有径庭，不近人情焉。"连叔曰："其言谓何哉？""曰'藐姑射之山，有神人居焉。肌肤若冰雪，绰约若处子；不食五谷，吸风饮露；乘云气，御飞龙，而游乎四海之外；其神凝，使物不疵疠而年谷熟。'吾以是狂而不信也。"连叔曰："然，瞽者无以与乎文章之观，聋者无以与乎钟鼓之声。岂唯形骸有聋盲哉？夫知亦有之。是其言也，犹时女也。之人也，之德也，将旁礴万物以为一，世蕲乎乱，孰弊弊焉以天下为事！之人也，物莫之伤，大浸稽天而不溺，大旱金石流、土山焦而不热。是其尘垢秕糠，将犹陶铸尧舜者也，孰肯以物为事！"

宋人资章甫而适诸越，越人断发文身，无所用之。

尧治天下之民，平海内之政。往见四子藐姑射之山，汾水之阳，窅然丧其天下焉。

惠子谓庄子曰："魏王贻我大瓠之种，我树之成而实五石。以盛水浆，其坚不能自举也。剖之以为瓢，则瓠落无所容。非不呺然大也，吾为其无用而掊之。"庄子曰："夫子固拙于用大矣。宋人有善为不龟手之药者，世世以洴澼絖为事。客闻之，请买其方百金。聚族而谋曰：'我世世为洴澼絖，不过数金。今一朝而鬻技百金，请与之。'客得之，以说吴王。越有难，吴王使之将。冬，与越人水战，大败越人，裂地而封之。能不龟手一也，或以封，或不免于洴澼絖，则所用之异也。今子有五石之瓠，何不虑以为大樽而浮乎江湖，而忧其瓠落无所容？则夫子犹有蓬之心也夫！"

　　惠子谓庄子曰："吾有大树，人谓之樗。其大本拥肿而不中绳墨，其小枝卷曲而不中规矩。立之涂，匠者不顾。今子之言，大而无用，众所同去也。"庄子曰："子独不见狸狌乎？卑身而伏，以候敖者；东西跳梁，不避高下；中于机辟，死于罔罟。今夫犛牛，其大若垂天之云。此能为大矣，而不能执鼠。今子有大树，患其无用，何不树之于无何有之乡，广莫之野，彷徨乎无为其侧，逍遥乎寝卧其下。不夭斤斧，物无害者，无所可用，安所困苦哉！"

第八节
楚辞导读

无论是《诗经》，还是"诸子文笔"，主要属于黄河文化，而楚辞则代表长江文化。如果说中国文化也是一种"两河文化"，那么楚辞则是这一宏大文化的南方脉象，在美丽、浪漫、华贵、神秘的特色上，都超过北方脉象。

楚辞，以楚地歌谣、巫风乐词为基调，又承袭"不歌而诵"的赋体创造而成。

基础记忆

1. 屈原：中国第一诗人。以前的《诗经》是一种"集体创作"，有整理者、署名者、依托者，却找不到明确而具有自己风格的个体诗人。由"诗"到"诗人"，文脉因个体精神而获得新的生命。屈原作为个体精神的代表者，开创此后历史。

2. 屈原的《离骚》。须通读几遍，熟悉其中的基本情感、好恶、憧憬，以及所象征的种种自然物象。

3. 屈原的《九章》。抒发生平感受，与《离骚》呼应。

包括:《惜诵》、《涉江》、《哀郢》、《抽思》、《怀沙》、《思美人》、《惜往日》、《橘颂》、《悲回风》。其中又以《涉江》、《哀郢》、《怀沙》、《橘颂》为要。

4. 屈原的《九歌》。歌颂神明,却又赞美了苍茫恋情。《东皇太一》写天神,《东君》写日神,《云中君》写云神,《湘君》及《湘夫人》写湘水配偶神,《大司命》写寿神,《少司命》写子嗣之神,《河伯》写河神,《山鬼》写山神。最后一篇《礼魂》为送神之曲。

5. 屈原的《天问》。向天地山川、天命人事提出了一百七十多个问题,体现了他彻底的怀疑精神和追索态度,证明他是一个真正世界级的大诗人。

扩大记忆

1. 屈原:《招魂》。以铺排夸张的绚丽文辞抒写了楚国之美,开启了后来汉赋的创作风格。此诗作者,司马迁认为是屈原,王逸在《楚辞章句》中认为是宋玉。我们认同司马迁。屈原所招,乃楚怀王之魂。

2. 宋玉:《九辩》。宋玉是屈原之外另一位值得一提的诗人。《九辩》以悲秋的方式表现了一个憔悴落魄的文士形象,景象开阔动人，笔触敏锐细腻，文辞精致灵活。杜甫曾写诗感慨"摇落深知宋玉悲，风流儒雅亦吾师"。

第九节
《离骚》今译

我是谁？

来自何方？

为何流浪？

我是古代君王高阳氏的后裔，父亲的名字叫伯庸。我出生在寅年寅月庚寅那一天，父亲一看日子很正，就给我取了个好名叫正则，又加了一个字叫灵均。我既然拥有先天的美质，那就要重视后天的修养。于是我披挂了江蓠和香芷，又把秋兰佩结在身上。

天天就像赶不及，唯恐年岁太匆促。早晨到山坡摘取木兰，傍晚到洲渚采撷宿莽。日月匆匆留不住，春去秋来不停步。我只见草木凋零，我只怕美人迟暮。何不趁着盛年远离污浊，何不改一改眼下的法度？那就骑上骏马驰骋吧，我愿率先开路。

古代三王德行纯粹，众多贤良聚集周旁：申椒和菌桂交

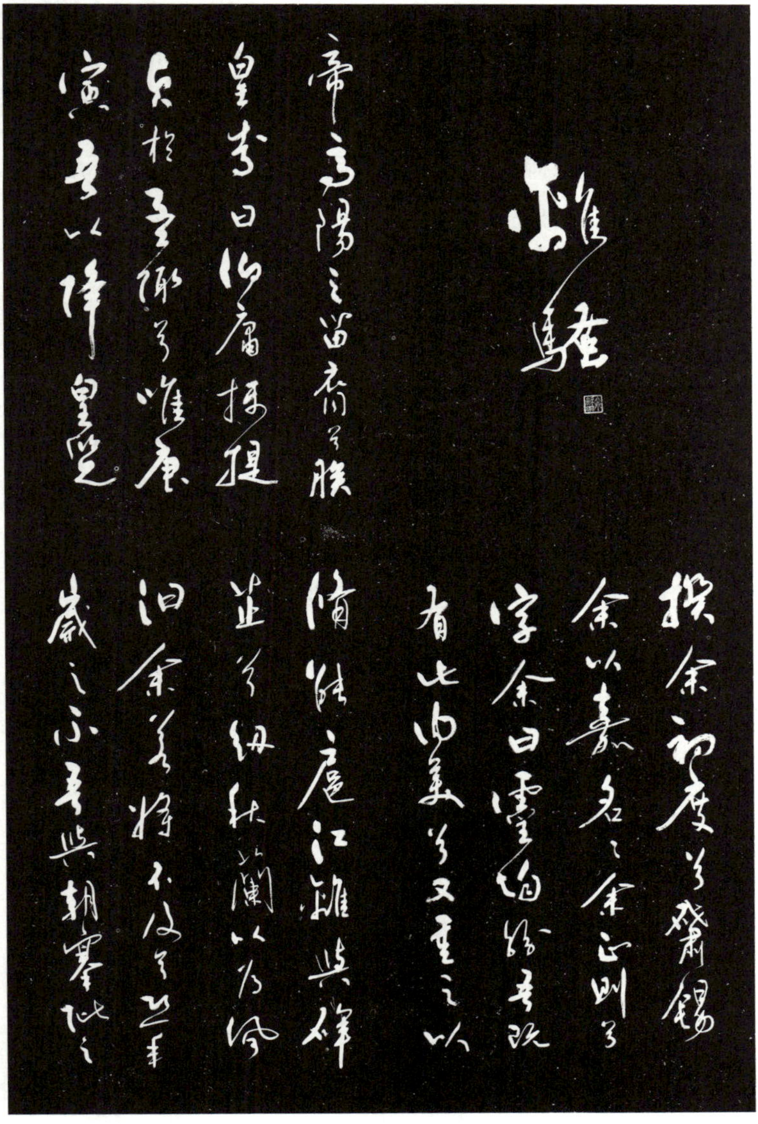

屈原《离骚》（余秋雨行书，局部）

错杂陈，蕙草和香芷联结成行。遥想尧舜耿介坦荡，选定正道一路顺畅；相反桀纣步履困窘，想走捷径而陷于猖狂。现在那些党人苟且偷安，走的道路幽昧而荒唐。我并不是害怕自身遭殃，而只是恐惧国家败亡。我忙忙碌碌奔走先后，希望君王能效法先王。但是君王不体察我的一片真情，反而听信谗言而怒发殿堂。我当然知道忠直为患，但即便隐忍也心中难放。我指九天为证，这一切都是为了你，我的君王！

说好了黄昏时分见面，却为何半道改变路程？既然已经与我约定，却为何反悔而有了别心？我并不难以与你离别，只伤心你数次变更。

我已经栽植了九畹兰花，百亩蕙草。还种下了几垄留夷和揭车，杜衡和芳芷。只盼它们枝叶峻茂，到时候我来收摘。万一萎谢了也不要紧，怕只怕整个芳苑全然变质，让我哀伤。

众人为什么争夺得如此贪婪，永不满足总在索取。又喜欢用自己的标尺衡量别人，凭空生出那么多嫉妒。看四周大家都在奔跑追逐，这绝非我心中所需。我唯恐渐渐老之将至，来不及修名立身就把此生虚度。

早晨喝几口木兰的清露，晚上吃一把秋菊的残朵。只要内心美好坚定，即便是面黄肌瘦也不觉其苦。我拿着木根系上白芷，再把薜荔花蕊穿在一起，又将蕙草缠上菌桂，搓成一条长长的绳索。我要追寻古贤，绝不服从世俗。虽不能见容于今人，也要走古代贤者彭咸遗留的道路。

我擦着眼泪长叹，哀伤人生多艰。我虽然喜好修饰，也知道严于检点。但早晨刚刚进谏，傍晚就丢了官位。既责备我佩戴蕙草，又怪罪我手持茝兰。然而，只要我内心喜欢，哪怕九死也不会后悔。

只抱怨君王无思无虑，总不能理解别人心绪。众女嫉妒我的美色，便造谣说我淫荡无度。时俗历来投机取巧，背弃规矩进退失据。颠倒是非追慕邪曲，争把阿谀当作制度。我抑郁烦闷心神不定，一再自问为何独独困于此时此处。我宁肯溘死而远离，也不忍作态如许。

鹰雀不能合群，自古就是殊途。方圆岂可重叠，相安怎能异路？屈心而抑志，只能忍耻而含辱。保持清白而死于直道，本为前代圣贤厚嘱。

我后悔没有看清道路，伫立良久决定回去。掉转车舆回到原路吧，赶快走出这短短的迷途。且让我的马在兰皋漫步，再到椒丘暂时驻足。既然进身不得反而获咎，那就不如退将下来，换上以前的衣服。

　　把荷叶制成上衣，把芙蓉集成下裳。无人赏识就由它去，只要我内心依然芬芳。高高的帽子耸在头顶，长长的佩带束在身上，芳香和汗渍交糅在一起，清白的品质毫无损伤。忽然回头远远眺望，我将去游观浩茫四荒。佩戴着缤纷的装饰，散发出阵阵清香。人世间各有所乐，我独爱修饰已经习以为常。即使是粉身碎骨，岂能因惩戒而惊慌。

　　大姐着急地反复劝诫："大禹的父亲鲧过于刚直而死于羽山之野，你如此博学又有修养，为何也要坚持得如此孤傲？人人身边都长满了野草，你为何偏偏洁身自好？民众不可能听你的解释，有谁能体察你的情操？世人都在勾勾搭搭，你为何独独不听劝告？"

　　听完大姐的劝诫，我心烦闷，须向先圣求公正。渡过了沅湘再向南，我要找舜帝陈述一番。

　　我说，大禹的后代夏启得到了乐曲《九辩》、《九歌》，只知自纵自娱，不顾危难之局，终因儿子作乱而颠覆。后羿游玩过度，沉溺打猎，爱射大狐。淫乱之徒难有善终，那个寒浞就占了他的妻女。至于寒浞的儿子浇，强武好斗不加节制，终日欢娱，结果身首异处。夏桀一再违逆常理，怎能不与大祸遭遇。纣王行施酷刑，殷代因此难以长续。

相比之下，商汤、夏禹则虔恭有加。周朝的君王谨守大道，推举贤达，遵守规则，很少误差。皇天无私，看谁有德就帮助他。是啊，只有拥有圣哲的德行，才能拥有完整的天下。

瞻前而顾后，观人而察本，试问：谁能不义而可用？谁能不善而可行？我虽然面对危死，反省初心仍无一处悔恨。不愿为了别人的斧孔，来削凿自己的木柄，一个个前贤都为之牺牲。我嘘唏心中郁悒，哀叹生不逢辰，拿起柔软的蕙草来擦拭眼泪，那泪水早已打湿衣襟。

终于，我把衣衫铺在地上屈膝跪告：我已明白该走的正道，那就是驾龙乘风，飞上九霄。

清晨从苍梧出发，傍晚就到了昆仑。我想在这神山上稍稍停留，抬头一看已经暮色苍茫。太阳啊你慢点儿走，不要那么急迫地落向西边的崦嵫山。前面的路又长又远，我将上下而求索。

我在咸池饮马，又从神木扶桑上折下枝条，遮一遮刺目的光照，以便在天国逍遥。我要让月神作为先驱，让风神跟在后面，然后再去动员神鸟。我令凤凰日夜飞腾，我令云霓一路侍从，整个队伍分分合合，上上下下一片热闹。

　　终于到了天门，我请天帝的守卫把天门打开，但是，他却倚在门边冷眼相瞧。太阳已经落山，我扭结着幽兰等得苦恼。你看世事多么混浊，总让嫉妒把好事毁掉。

　　第二天黎明，渡过神河白水，登上高丘阆风。拴好马匹眺望，不禁涕泪涔涔：高丘上，没有看见女人。

　　我急忙从春宫折下一束琼枝佩戴在身，趁鲜花还未凋落，看能赠予哪一位佳人。我叫云师快快飞动，去寻访古帝伏羲的宓妃洛神。我解下佩带寄托心意，让臣子蹇修当个媒人。谁知事情离合不定，宓妃古怪地摇头拒人。说是晚上要到穷石居住，早晨要到洧盘濯发。仗着相貌如此乖张，整日游逛不懂礼节，我便转过头去另做寻访。

　　四极八方观察遍，我周游一圈下九霄。巍峨的瑶台在眼前，美女有娀氏已见着。我让鸩鸟去说媒，情况似乎并不好。鸣飞的雄鸠也可去，但又嫌它太轻佻。犹豫是否亲自去，又怕违礼被嘲笑。找到凤凰送聘礼，但晚了，古帝高辛已先到。

　　想去远方无处落脚，那就随意游荡逍遥。心中还有夏朝那家，两位姑娘都是姓姚。可惜媒人全都太笨，事情还是很不可靠。

　　人世混浊嫉贤妒才，大家习惯蔽美扬恶，结果谁也找不到美好。历代佳人虚无缥缈，贤明君主睡梦颠倒。我的情怀向谁倾诉？我又怎么忍耐到生命的终了？

拿着芳草竹片，请巫师灵氛为我占卜。

占问："美美必合，谁不慕之？九州之大，难道只有这里才有佳人？"

卜答："赶紧远逝，别再狐疑。天下何处无芳草，何必总是怀故土？"

是啊，世间昏暗又混乱，谁能真正了解我？人人好恶各不同，此间党人更异样：他们把艾草塞满腰间，却宣称不能把幽兰佩在身上；他们连草木的优劣也分不清，怎么能把美玉欣赏；他们把粪土填满了私囊，却嘲笑申椒没有芳香。

想要听从占卜，却又犹豫不定。正好巫咸要在夜间降临，我揣着花椒精米前去拜问。百神全都来了，几乎挤满天庭。九嶷山的诸神也纷纷出迎，光芒闪耀显现威灵。

巫咸一见我，便告诉我很多有关吉利的事情。他说："勉力上下求索，寻找同道之人。连汤、禹也曾虔诚寻找，这才找到伊尹、皋陶来协调善政。只要内心真有修为，又何必去用媒人？传说奴隶傅岩筑墙，商王武丁充分信任；吕望曾经当街操刀，周文王却把他大大提升；宁戚叩击牛角讴歌，齐桓公请来让他辅政。该庆幸的是年岁还轻，时光未老。怕只怕杜鹃过早鸣叫，使百花应声而凋。"

　　为什么琼佩如此出色，人们却要掩盖美好。唯恐小人不讲诚信，因嫉妒而把它毁掉。时势缤纷多变，何必在此消耗。兰芷变而不芳，使荃蕙化而为茅。

　　是啊，为什么往日的芳草，如今都变成了萧艾？难道还有别的什么理由？实在只因为它们缺少修养。我原以为兰花可靠，原来也是空有外相。委弃美质沉沦世俗，只能勉强列于众芳。申椒变得谄媚嚣张，樧草自行填满香囊。一心只想往上钻营，怎么还能固守其香？既然时俗都已同流，又有谁能坚贞恒常？既然申兰也都如此，何况揭车、江蓠之辈，不知会变成什么模样。

　　独可珍贵我的玉佩，虽被遗弃历尽沧桑，美好品质毫无损亏，至今依然散发馨香。那就让我像玉佩那样协调自乐吧，从容游走，继续寻访。趁我的服饰还比较壮观，正可以上天下地、行之无疆。

　　灵氛告诉我已获吉占，选个好日子我可以启程远方。

　　折下琼枝做佳肴，碾细玉屑做干粮。请为我驾上飞龙，用象牙、美玉装饰车辆。离心之群怎能同在，远逝便是自我流放。 向着昆仑前进吧，长路漫漫正好万里爽朗。 云霓的旗帜遮住了天际，玉铃的声音叮叮当当。 早晨从天河的渡口出发，晚上就到达西天极乡。 凤凰展翅如举云旗，雄姿翩翩在高空翱翔。

终于我进入了流沙地带，沿着赤水一步步徜徉。 指挥蛟龙架好桥梁，又命西皇援手相帮。 前途遥远而又艰险，我让众车侍候一旁。 经过不周山再向左转，一指那西海便是方向。

集合起我的千乘车马，排齐了玉轮一起鸣响。 驾车的八龙蜿蜒而行，长长的云旗随风飞扬。 定下心来我按辔慢行，心神却是渺渺茫茫。 那就奏起《九歌》、舞起《韶》乐吧，借此佳日尽情欢畅。

升上高天一片辉煌，忽然回首看到了故乡。 我的车夫满脸悲戚，连我的马匹也在哀伤，低头屈身停步彷徨。

唉，算了吧。 既然国中无人知我，我又何必怀恋故乡？ 既然不能实行美政，我将奔向彭咸所在的地方。

第十节
《离骚》原文

帝高阳之苗裔兮，朕皇考曰伯庸。摄提贞于孟陬兮，惟庚寅吾以降。皇览揆余初度兮，肇锡余以嘉名：名余曰正则兮，字余曰灵均。纷吾既有此内美兮，又重之以修能。扈江离与辟芷兮，纫秋兰以为佩。

汩余若将不及兮，恐年岁之不吾与。朝搴阰之木兰兮，夕揽洲之宿莽。日月忽其不淹兮，春与秋其代序。惟草木之零落兮，恐美人之迟暮。不抚壮而弃秽兮，何不改乎此度？乘骐骥以驰骋兮，来吾道夫先路！

昔三后之纯粹兮，固众芳之所在。杂申椒与菌桂兮，岂维纫夫蕙茝！彼尧、舜之耿介兮，既遵道而得路。何桀、纣之猖披兮，夫唯捷径以窘步。惟夫党人之偷乐兮，路幽昧以险隘。岂余身之惮殃兮，恐皇舆之败绩！忽奔走以先后兮，及前王之踵武。荃不察余之中情兮，反信谗而齌怒。余固知謇謇之为患兮，忍而不能舍也。指九天以为正兮，夫唯灵修之故也。

曰黄昏以为期兮，羌中道而改路！初既与余成言兮，后悔遁而有他。余既不难夫离别兮，伤灵修之数化。

余既滋兰之九畹兮，又树蕙之百亩。畦留夷与揭车兮，杂杜衡与芳芷。冀枝叶之峻茂兮，愿竢时乎吾将刈。虽萎绝其亦何伤兮，哀众芳之芜秽。众皆竞进以贪婪兮，凭不厌乎求索。羌内恕己以量人兮，各兴心而嫉妒。忽驰骛以追逐兮，非余心之所急。老冉冉其将至兮，恐修名之不立。

朝饮木兰之坠露兮，夕餐秋菊之落英。苟余情其信姱以练要兮，长顑颔亦何伤。擥木根以结茝兮，贯薜荔之落蕊。矫菌桂以纫蕙兮，索胡绳之纚纚。謇吾法夫前修兮，非世俗之所服。

虽不周于今之人兮，愿依彭咸之遗则。

长太息以掩涕兮，哀民生之多艰。余虽好修姱以鞿羁兮，謇朝谇而夕替。既替余以蕙纕兮，又申之以揽茝。亦余心之所善兮，虽九死其犹未悔。

怨灵修之浩荡兮，终不察夫民心。众女嫉余之蛾眉兮，谣诼谓余以善淫。固时俗之工巧兮，偭规矩而改错。背绳墨以追曲兮，竞周容以为度。忳郁邑余侘傺兮，吾独穷困乎此时也。宁溘死以流亡兮，余不忍为此态也。

鸷鸟之不群兮，自前世而固然。何方圆之能周兮，夫孰异道而相安？屈心而抑志兮，忍尤而攘诟。伏清白以死直兮，固前圣之所厚。

悔相道之不察兮，延伫乎吾将反。回朕车以复路兮，及行迷之未远。步余马于兰皋兮，驰椒丘且焉止息。进不入以离尤兮，退将复修吾初服。

制芰荷以为衣兮，集芙蓉以为裳。不吾知其亦已兮，苟余情其信芳。高余冠之岌岌兮，长余佩之陆离。芳与泽其杂糅兮，唯昭质其犹未亏。忽反顾以游目兮，将往观乎四荒。佩缤纷其繁饰兮，芳菲菲其弥章。民生各有所乐兮，余独好修以为常。虽体解吾犹未变兮，岂余心之可惩。

女嬃之婵媛兮，申申其詈予，曰："鲧婞直以亡身兮，终然夭乎羽之野。汝何博謇而好修兮，纷独有此姱节？薋菉葹以盈室兮，判独离而不服。众不可户说兮，孰云察余之中情？世并举而好朋兮，夫何茕独而不予听？"

依前圣以节中兮，喟凭心而历兹。济沅、湘以南征兮，就重华而陈词：启《九辩》与《九歌》兮，夏康娱以自纵。不顾难以图后兮，五子用失乎家巷。羿淫游以佚畋兮，又好射夫封狐。固乱流其鲜终兮，浞又贪夫厥家。浇身被服强圉兮，纵欲而不忍。日康娱而自忘兮，厥首用夫颠陨。夏桀之常违兮，乃遂焉而逢殃。后辛之菹醢兮，殷宗用而不长。

汤、禹俨而祗敬兮，周论道而莫差。举贤而授能兮，循绳墨而不颇。皇天无私阿兮，览民德焉错辅。夫维圣哲以茂行兮，苟得用此下土。

瞻前而顾后兮，相观民之计极。夫孰非义而可用兮？孰非善而可服？阽余身而危死兮，览余初其犹未悔。不量凿而正枘兮，固前修以菹醢。曾歔欷余郁邑兮，哀朕时之不当。揽茹蕙以掩涕分，沾余襟之浪浪。

跪敷衽以陈辞兮，耿吾既得此中正。驷玉虬以乘鹥兮，溘埃风余上征。

朝发轫于苍梧兮，夕余至乎县圃。欲少留此灵琐兮，日忽忽其将暮。吾令羲和弭节兮，望崦嵫而勿迫。路曼曼其修远兮，吾将上下而求索。饮余马于咸池兮，总余辔乎扶桑。折若木以拂日兮，聊逍遥以相羊。前望舒使先驱兮，后飞廉使奔属。鸾皇为余先戒兮，雷师告余以未具。吾令凤鸟飞腾兮，继之以日夜。飘风屯其相离兮，帅云霓而来御。纷总总其离合兮，斑陆离其上下。

吾令帝阍开关兮，倚阊阖而望予。时暧暧其将罢兮，结幽兰而延伫。世溷浊而不分兮，好蔽美而嫉妒。

朝吾将济于白水兮，登阆风而绁马。忽反顾以流涕兮，哀高丘之无女。

溘吾游此春宫兮，折琼枝以继佩。及荣华之未落兮，相下女之可诒。吾令丰隆乘云兮，求宓妃之所在。解佩纕以结言兮，吾令蹇修以为理。纷总总其离合兮，忽纬繣其难迁。

夕归次于穷石兮，朝濯发乎洧盘。保厥美以骄傲兮，日康娱以淫游。虽信美而无礼兮，来违弃而改求。

览相观于四极兮，周流乎天余乃下。望瑶台之偃蹇兮，见有娀之佚女。吾令鸩为媒兮，鸩告余以不好。雄鸩之鸣逝兮，余犹恶其佻巧。心犹豫而狐疑兮，欲自适而不可。凤皇既受诒兮，恐高辛之先我。

欲远集而无所止兮，聊浮游以逍遥。及少康之未家兮，留有虞之二姚。理弱而媒拙兮，恐导言之不固。

世溷浊而嫉贤兮，好蔽美而称恶。闺中既以邃远兮，哲王又不寤。怀朕情而不发兮，余焉能忍与此终古？

索藑茅以筳篿兮，命灵氛为余占之。

曰："两美其必合兮，孰信修而慕之？思九州之博大兮，岂唯是其有女？"

曰："勉远逝而无狐疑兮，孰求美而释女？何所独无芳草兮，尔何怀乎故宇？"

世幽昧以昡曜兮，孰云察余之善恶？民好恶其不同兮，惟此党人其独异！户服艾以盈要兮，谓幽兰其不可佩。览察草木其犹未得兮，岂珵美之能当？苏粪壤以充帏兮，谓申椒其不芳。

欲从灵氛之吉占兮，心犹豫而狐疑。巫咸将夕降兮，怀椒糈而要之。百神翳其备降兮，九疑缤其并迎。

皇剡剡其扬灵兮，告余以吉故。曰："勉升降以上下兮，求矩矱之所同。汤、禹严而求合兮，挚、咎繇而能调。苟中情其好修兮，又何必用夫行媒？说操筑于傅岩兮，武丁用而不疑。吕望之鼓刀兮，遭周文而得举。宁戚之讴歌兮，齐桓闻以该辅。及年岁之未晏兮，时亦犹其未央。恐鹈鴂之先鸣兮，使夫百草为之不芳。"

何琼佩之偃蹇兮，众薆然而蔽之。惟此党人之不谅兮，恐嫉妒而折之。时缤纷其变易兮，又何可以淹留？兰芷变而不芳兮，荃蕙化而为茅。

何昔日之芳草兮，今直为此萧艾也？岂其有他故兮，莫好修之害也！余以兰为可恃兮，羌无实而容长。委厥美以从俗兮，苟得列乎众芳。椒专佞以慢慆兮，樧又欲充夫佩帏。既干进而务入兮，又何芳之能祗？固时俗之流从兮，又孰能无变化？览椒兰其若兹兮，又况揭车与江离？

惟兹佩之可贵兮，委厥美而历兹。芳菲菲而难亏兮，芬至今犹未沫。和调度以自娱兮，聊浮游而求女。及余饰之方壮兮，周流观乎上下。

灵氛既告余以吉占兮，历吉日乎吾将行。

折琼枝以为羞兮，精琼爢以为粻。为余驾飞龙兮，杂瑶象以为车。何离心之可同兮？吾将远逝以自疏。遭吾道夫昆仑兮，路修远以周流。扬云霓之晻蔼兮，鸣玉鸾之啾啾。朝发轫于天津兮，夕余至乎西极。凤皇翼其承旗兮，高翱翔之翼翼。

忽吾行此流沙兮，遵赤水而容与。麾蛟龙使梁津兮，诏西皇使涉予。路修远以多艰兮，腾众车使径侍。路不周以左转兮，指西海以为期。

屯余车其千乘兮，齐玉轪而并驰。驾八龙之婉婉兮，载云旗之委蛇。抑志而弭节兮，神高驰之邈邈。奏《九歌》而舞《韶》

兮，聊假日以媮乐。陟升皇之赫戏兮，忽临睨夫旧乡。仆夫悲余马怀兮，蜷局顾而不行。

乱曰：已矣哉！国无人莫我知兮，又何怀乎故都！既莫足与为美政兮，吾将从彭咸之所居！

第十一节
汉代文学导读

汉代，以一个统一、强大、兴盛、富裕的东方帝国称雄于世界。文化和文学的地位在汉代也有明显提高，开始呈现出不完全依附政治权力的某种独立价值。因此，这一时期文学创作相当活跃，出现了各种文学样式，汉代文学也成为后世文学发展的根源。

汉代文学的繁荣集中体现在汉赋上，并出现了贾谊、枚乘、司马相如等一批辞赋作家。但是，历来不少文学史家把"汉赋"与"楚辞、唐诗、宋词、元曲"平列，当成中国文脉的一大环节，我却不大同意。因为汉赋虽有气势，但是堆砌辞藻、铺陈华丽、空泛整饬，是后代文化创造者们需要一再努力摆脱的痼疾。连当时的司马迁都这样评论司马相如，"相如虽多虚辞滥说，然其要归引之节俭"。这是在为他辩护，认为在太多"虚辞滥说"背后，还能引出"节俭"的"要归"。可见，"虚辞滥说"已成为汉赋的一大"流行病"，大家都看到了。汉赋"虚辞滥说"的负面传统，代代不绝。凡是乐于倾听华丽奉承之辞的统治者，以及那些善于颂扬盛世伟业的写手，总是竭力张扬连篇累牍的"骈俪"文风，以致其充斥朝野。为此，我就更不想在中国文脉中给汉赋让出较多的地位。即便是贾谊、枚乘、司马相如，我也只是安置在"扩大记忆"的范围里。这样的安排可能与很多文学史家有异，但我并不是在整理规范的汉代文学史，而是在检索文脉，有责任在内在生命的健衰上来决定轻重取舍。

相比之下，倒是一些政治人物在历史关键时刻随口吟出的诗句，包含着英雄人格上的刚健之气，例如项羽的《垓下歌》、刘邦的《大风歌》、刘彻的《秋风辞》，更能直接地表达出大汉之所以是大汉的原因，也更与文脉相关。

另外，汉代的乐府民歌中也出现了一批来自民间、情感浓烈的作品。

按一般文学史的观念，这是"非主流"的存在，但我在梳理中国文脉时却特别看高，把它们置于"基础记忆"的范围。

汉代文学的最高峰当然是司马迁，但他属于整部中国历史，已经不是"汉代文学"这个标题所能框范的了。因此，我们在后面单设一节，罗列一下他的作品中需要进行"基础记忆"和"扩大记忆"的篇目。

基础记忆

1. 项羽:《垓下歌》(力拔山兮气盖世);

2. 刘邦:《大风歌》(大风起兮云飞扬);

3. 刘彻:《秋风辞》(秋风起兮白云飞);

4. 李延年:《北方有佳人》(北方有佳人,绝世而独立);

5.《陌上桑》,汉乐府民歌中叙事诗的代表作;

6.《孔雀东南飞》,汉乐府民歌中最优秀的长篇叙事诗;

7.《古诗十九首》。

扩大记忆

1. 贾谊:《吊屈原赋》、《鹏鸟赋》;

2. 贾谊:《过秦论》(散文);

3. 枚乘:《七发》,汉代大赋的基础;

4. 司马相如:《子虚赋》、《上林赋》;

5. 王褒:《洞箫赋》;

6. 扬雄:《甘泉赋》、《河东赋》;

7. 若有余暇还可浏览一些乐府民歌:《妇病行》(妇病连年累岁,传呼丈人前一言);《东门行》(出东门,不顾归);《十五从军征》(十五从军征,八十始得归);《战城南》(战城南,死郭北，野死不葬乌可食）；《上邪》（上邪！我欲与君相知，长命无绝衰）；《古歌》（秋风萧萧愁杀人）；《悲歌》（悲歌可以当泣，远望可以当归）；《长歌行》（青青园中葵，朝露待日晞）。

第十二节
《史记》导读

我在多部著作中都对司马迁做出了极高评价。他的《史记》为全部"二十四史"定下了统一格局，因此，他是全部中国历史的"总策划"，使历代中国智者都具备了历史理性和历史责任。这一切，都是通过高超的文学手段完成的。《史记》可称中国古代散文的"第一支笔"，连"唐宋八大家"都不能望其项背。他以经典意义上的人物刻画，让中国历史"以人为本"，又让中国文学渗透时空。因此，我把司马迁和《史记》看成是中国文脉的"制高点"，在此后两千多年的历史上，中国文化的所有健康脉络都与之有关。汉赋的铺张、骈俪之弊，在《史记》中不见踪影。

基础记忆

由于重要，我开列出了十六个篇目，似乎多了一些。大家可以在浏览之后，根据自己的喜爱程度，从中选出六至七篇，作为必记篇目。

1.《项羽本纪》；

2.《陈涉世家》；

3.《留侯世家》；

4.《孟尝君列传》；

5.《魏公子列传》；

6.《廉颇蔺相如列传》；

7.《田单列传》；

8.《屈原贾生列传》；

9.《淮阴侯列传》；

10.《陆贾列传》；

11.《叔孙通列传》；

12.《李将军列传》；

13.《滑稽列传》；

14.《刺客列传》；

15.《太史公自序》；

16.《报任安书》。

扩大记忆

1.《高祖功臣侯者年表》；

2.《孔子世家》；

3.《外戚世家》；

4.《伯夷列传》；

5.《管晏列传》；

6.《酷吏列传》；

7.《游侠列传》；

8.《货殖列传》。

第十三节
《报任安书》今译

少卿足下：

前些时候承蒙您写信给我，教导我慎于接物，举荐贤良。您的语气很恳切，好像怕我不听，随从流俗。其实怎么会呢，我虽然低能，却也知道长者遗风。只是觉得自己的身体已经遭受阴秽的刑残，动辄得咎，想做好事反成祸害，因此心情抑郁，无人诉说。

谚语说："为谁而为？让谁来听？"请看钟子期死后，俞伯牙终生不再弹琴，为什么？因为士人只为知己者所用，就像女子只为心爱者化妆。像我这样，身体已有根本缺陷，即使具有像随侯珠、和氏璧这样的材质，或者具有像许由、伯夷这样的品行，也不能稍有得意，因为听的人会暗暗耻笑。

来信本应及时作答，但刚刚从东方随驾而回，又琐事缠身，很难见面，实在抽不出时间一抒心意。如今，您遭受不测之罪，再过一个月就近冬末，我又要随从去雍地。恐怕这期间您会卒然伏刑离世，那我就没有机会向您倾诉愤懑了，而您则在死后也会抱怨无穷。因此，请让我赶紧略陈浅陋之见。拖了那么久才这样回信，请勿见怪。

我曾听到过这样的说法："修身是智慧的府巢，乐施是仁德的信号，取舍是道义的符兆，知耻是勇敢的先导，立名是行为的目标。"

士人有了这五方面的作为，就可以寄身于世，列君子之林。

如果从反面来说，那么，世上最多的祸殃，莫过于利令智昏；最重的悲痛，莫过于伤及心灵；最丑的行为，莫过于有辱祖先；最大的羞辱，莫过于受了宫刑。

受了宫刑阉割的人，无法与常人相提并论。这并非一世之见，而是由来已久。即便是历朝的宦官阉人，也都被人所耻。孔子见卫灵公与宦官同车，就离开卫国去了陈国；商鞅靠着宦官见了秦孝公，贤臣赵良一见就起了寒心；汉文帝由宦官陪着乘车，郎中袁盎随即就变了脸色。即使是社会上的中等人物，只要事涉宦官，便已垂头丧气，更何况慷慨之士。如今朝廷虽然缺少人才，却怎么会让我这样的阉余之人来推荐天下豪俊！

我依赖先人遗业，在京城任职已经二十多年。自己思量了一下：第一，我不能尽奉忠信，贡献奇策，结交明主；第二，我不能拾遗补阙，招贤进能，推举隐士；第三，我不能参与行伍，攻城野战，斩将夺旗；第四，我不能积聚功劳，高取官禄，光宗惠友。这四方面，无一如愿，只能苟且容身。由此可见，我实在没有长短之功。

想当年，我也曾置身于下大夫之列，陪在外廷发表一些零碎议论，却也没有在当时伸张法度，竭尽思虑。如今身残而成为扫除仆隶，如果在如此卑贱之中还想昂首扬眉，论列是非，那岂不是轻慢朝廷，羞辱当世之士？哎呀，像我这样的人，还说什么，还说什么！

况且，事情的本末很不容易说清。

我少年时颇有一点才能，长大后未被家乡称誉，幸亏皇上因为我的父亲，让我贡献薄技，出入宫廷。我想，如果头上顶着盒子还怎么能仰望天庭？因此把所有的"盒子"都撤了，谢绝宾客，忘记家室，日夜思考要竭尽薄才，专心营职求得皇上信任。然而谁知，情况却大谬而不然，发生了李陵事件。

我和李陵同在宫中任职，素不亲密，志趣相异，从未举杯而欢。但我看他，倒是一位奇士，孝敬父母，诚信交友，临财而廉，取舍合义，礼让有度，恭敬谦虚，常想奋不顾身地报效国家。因长期历练，有国士之风。我想，身为臣子面对公共灾难宁肯万死而不顾一生，实属奇罕。没想到，当他做事一有不当，那些历来只知保命保家的臣子随即扩大他的过失，对此我实在心痛。

况且，说起李陵兵败之事，他当时率兵不足五千，深践戎马腹地，足踏匈奴王廷。这就是垂饵虎口，横挑强敌，仰攻大营。与单于连战十余日，杀敌之数已超过自己部队的人数。匈奴一时连救死扶伤都来不及了，上下震惊恐怖，便征集左贤王、右贤王的所有部属，再发动一切能够骑射之民，围攻李陵。李陵转战千里，箭尽路穷，救兵不至，死伤士卒，遍地堆积。即便这样了，李陵一声呼喊，士卒们仍然尽力奋起，流着泪，抹着血，拉着已经无箭的弓弩，冲向白花花的刀剑，一起向北拼杀。

在李陵还未覆没时，只要有前线信使来报，满朝公卿王侯皆举杯祝捷。但是，几天后李陵兵败，消息传来，皇上便食不甘味，上朝不悦。大臣们又忧又惧，束手无策。

我见皇上如此悲伤，很想不顾自己地位卑下，奉上一份恳切劝慰的心意。我想，李陵平日对将士诚挚忘己，才得到他们以死相报，这情景即便是古代名将也不能超过。现在兵败而陷身对方，推测他的用意，还是想等待时机报效汉朝。时至今日已无可奈何，但他摧败匈奴的功绩也已经足以昭示天下。——我有心把这些想法对皇上说说，却一直未遇机会。

那天正好皇上召问，我就根据这些想法，以李陵之功来宽慰皇上，顺便阻挡一下朝上的怨怒之言。谁知，我还没有讲清楚，皇上也没有听明白，就认为我是借着为李陵游说，在诋毁另一位将军李广利。于是，我被交付审判。

我怀拳拳之心，却无法为自己辩白。我的罪名是"诬上"，这个审判被认准。

我家贫寒，没有钱财来自赎。朋友无一人来营救，皇上左右的官员也没有一个为我讲一句话。于是，我这具非木石之身深陷囹圄，只与法吏为伍，又能向谁诉说。这些都是您所见到的，不正是我的状况吗？李陵未死而成了降将，家庭名声败坏，而我则被阉割而关进了蚕室，深为天下嘲笑。悲痛啊悲痛！这样的事，真不易一一告诸世俗之人。

我的先人并没有立下让子孙免罪的功勋，做太史公的父亲虽然执掌文史星历，其实与执掌卜筮祭祀差不多，被朝廷像倡优一般养着，都是皇上眼里的"戏弄"小职，也为世俗所轻视。如果当初我选择伏法而死，那也就相当于九牛失去一毛，与蚁蝼何异？世人不会把我看作是死于节操，只认为是死于低智犯罪，自不可免。为什么？这出于平素的立身定见。

人固有一死，或重于泰山，或轻于鸿毛。这是因为，人生的趋向不同。

在生死边缘上，可以分很多层次。第一，不能让祖先受辱；第二，不能让身体受辱；第三，不能在道理、颜面上受辱；第四，不能在言辞上受辱；第五，不能因捆绑而受辱；第六，不能因囚服而受辱；第七，不能因枷杖而受辱；第八，不能因剃发、锁链而受辱；第九，不能因毁肤、断肢而受辱；而最终，第十，不能因宫刑阉割而受辱。

古书说："刑不上大夫。"这是说，对士大夫的节操不能不尊重和勉励。猛虎在深山，百兽震恐，但等到落入陷阱槛笼，只能摇尾求食，积聚的威力渐渐被制约。所以，对士大夫而言，即使有人画一个圆圈当监狱，也绝对不会踏入；即使有人削一个木偶当狱吏，也绝对不去应对。对这样的事，理应态度鲜明，宁死不屈。但是现在，居然手脚被绑，木枷上身，肌肤暴露，鞭抽杖打，幽禁高墙。见到狱吏就磕头触地，见到狱卒则胆战心惊。为什么？那全是由长期而具体的威压所造成。到了这个地步，还说不受辱，只是强颜罢了，已经没有价值。

想想历史，周文王一方霸主，被拘羑里；李斯一国之相，却受五刑；淮阴侯贵为楚王，被捕于陈；彭越、张敖面南称王，终投监狱；绛侯周勃平叛有功，权倾五霸，亦被囚禁；魏其侯窦婴，戴上了三道刑具；还有，大将季布卖身为奴；大将灌夫惨遭拘杀……

——这些人，都是王侯将相，声威远及邻国，一旦获罪，如果没有果断自杀，终究沦为尘埃。古今都是一样，哪能不受其辱。由此看来，一个人的勇敢、怯懦、强悍、脆弱，并非由他自己，而是由他所面临的形势而定。这很明白，不足为怪。一个人如果不在审判之外自杀，往往气息已经挫衰，等到受刑之时再想以死殉节，那也就太迟了。我想，古人所说的"刑不上大夫"，可能也与此有关。

人之常情是贪生恶死，念父母，顾妻子。但是，被道义和天理所激励的人就不一样了，他们无法以私利抑制自己。

我不幸早失父母，没有兄弟，孤独一身。你看我对妻儿会如何？其实勇敢的人不必以死殉节，怯懦的人如果仰慕道义，处处都能受到勉励。我虽怯懦，苟活至今，心里却明白行为分际，何至于在狱中受辱？世间奴婢尚且能断然自尽，何况像我这样的人。我之所以隐忍苟活到今天，身陷污秽而不死，完全是因为尚有心愿未完成。如果死了，我的著作也就不能传于后世。

自古以来，生而富贵而死后无名的人，不可胜数。只有卓越豪迈的非凡之人，才被后世称道。你看，文王被拘，推出《周易》；孔子困厄，写成《春秋》；屈原放逐，乃赋《离骚》；左丘明失明，仍著《国语》；孙膑断足，修得《兵法》；吕不韦贬蜀，便有《吕氏春秋》；韩非囚秦，写出《说难》、《孤愤》；即使是《诗》三百篇，也大多是圣贤发奋之作。

这些人，都是意有郁结，得不到排纾通道，所以追述往事，启发来者。至于像左丘明、孙膑这样的残障者，已不可实用，便退而著书，抒发郁愤，留文自现。

我本人则不自量力，近些年用笨拙的文辞，搜罗天下散佚旧闻，考证历来行为事迹，审察成败兴衰之理，上至黄帝，下至当今，写成表十篇、本纪十二篇、书八篇、世家三十篇、列传七十篇，共一百三十篇。我的意图是：究天人之际，通古今之变，成一家之言。

谁知，草稿还没有完成就遇到了这场大祸。我心中一直痛惜着这部未成之书，因此受到大刑也无愠色。我确实会写成此书，藏之名山，传之达人，并在通邑大都流播。这样，旧债得以补偿，万死而不后悔。当然，这只能为智者道，不能为俗人言。

最后，还想再度向您诉说我今天的处境。

负卑难以居世，位低多遭谤议。我因言论遭祸受乡人耻笑，使先人受辱，还有什么脸面为父母上坟？即使百世之后，这种屈辱还会加重。因此，愁肠一日而九回。在家恍惚若有所失，出门则不知到哪里去。每想到此，没有一次不是汗流浃背，沾湿衣裳。我简直成了宦官，哪里还能隐退到深山岩穴？因此姑且从俗沉浮，与时俯仰，以求疏通心间狂惑。今天您要我举荐贤能，未免与我心意相违。现在我即便想以美好的词句自雕自释，也是无益。因为世俗并不相信，只是自取其辱。

看来，要到死亡之日，才能定夺是非。

书信不能尽意，只是略陈固陋之见。恭敬再拜！

第十四节
《报任安书》原文

太史公牛马走司马迁，再拜言。

少卿足下：曩者辱赐书，教以慎于接物，推贤进士为务，意气勤勤恳恳。若望仆不相师，而用流俗人之言，仆非敢如此也。仆虽罢驽，亦尝侧闻长者之遗风矣。顾自以为身残处秽，动而见尤，欲益反损，是以独郁悒而谁与语。谚曰："谁为为之？孰令听之？"盖钟子期死，伯牙终身不复鼓琴。何则？士为知己者用，女为说己者容。若仆大质已亏缺矣，虽才怀随和，行若由夷，终不可以为荣，适足以见笑而自点耳。

书辞宜答，会东从上来，又迫贱事，相见日浅，卒卒无须臾之间，得竭至意。今少卿抱不测之罪，涉旬月，迫季冬，仆又薄从上雍，恐卒然不可为讳，是仆终已不得舒愤懑以晓左右，则长逝者魂魄私恨无穷。请略陈固陋。阙然久不报，幸勿为过。

仆闻之：修身者，智之符也；爱施者，仁之端也；取予者，义之表也；耻辱者，勇之决也；立名者，行之极也。士有此五者，然后可以托于世，而列于君子之林矣。故祸莫憯于欲利，悲莫痛于伤心，行莫丑于辱先，诟莫大于宫刑。刑余之人，无所比数，非一世也，所从来远矣。昔卫灵公与雍渠同载，孔子适陈；商鞅因景监见，赵良寒心；同子参乘，袁丝变色：自古而耻之！夫以中材之人，事有关于宦竖，莫不伤气，而况于慷慨之士乎！如今朝廷虽乏人，奈何令刀锯之余，荐天下之豪俊哉！仆赖先人绪业，得待罪辇毂下，二十余年矣。所以自惟：上之，不能纳忠效信，有奇策才力之誉，自结明主；次之，又不能拾遗补阙，招贤进能，显岩穴之士；外之，又不能备行伍，攻城野战，有斩将搴旗之功；下之，不能积日累劳，取尊官厚禄，以为宗族交游光宠。四者无一遂，苟合取容，无所短长之效，可见如此矣。向者，仆常厕下大夫之列，陪奉外廷末议。不以此时引维纲，尽思虑，今以亏形为扫除之隶，在阘茸之中，乃欲仰首伸眉，论列是非，不亦轻朝廷、羞当世之士耶？嗟乎！嗟乎！如仆尚何言哉！尚何言哉！

且事本末未易明也。仆少负不羁之才，长无乡曲之誉，主上幸以先人之故，使得奏薄伎，出入周卫之中。仆以为戴盆何以望天，故绝宾客之知，亡室家之业，日夜思竭其不肖之才力，务一心营职，以求亲媚于主上。而事乃有大谬不然者！

夫仆与李陵俱居门下，素非能相善也。趣舍异路，未尝衔杯酒，接殷勤之余欢。然仆观其为人，自守奇士，事亲孝，与士信，临财廉，取与义，分别有让，恭俭下人，常思奋不顾身，以殉国家之急。其素所蓄积也，仆以为有国士之风。夫人臣出万死不顾一生之计，赴公家之难，斯以奇矣。今举事一不当，而全躯保妻子之臣随而媒孽其短，仆诚私心痛之。且李陵提步卒不满五千，深践戎马之地，足历王庭，垂饵虎口，横挑强胡，仰亿万之师，与单于连战十有余日，所杀过当。虏救死扶伤不给，旃裘之君长咸震怖，乃悉征其左、右贤王，举引弓之人，一国共攻而围之。转斗千里，矢尽道穷，救兵不至，士卒死伤如积。然陵一呼劳军，士无不起，躬自流涕，沬血饮泣，更张空拳，冒白刃，北向争死敌者。陵未没时，使有来报，汉公卿王侯皆奉觞上寿。后数日，陵败书闻，主上为之食不甘味，听朝不怡。大臣忧惧，不知所出。仆窃不自料其卑贱，见主上惨怆怛悼，诚欲效其款款之愚，以为李陵素与士大夫绝甘分少，能得人死力，虽古之名将，不能过也。身虽陷败，彼观其意，且欲得其当而报于汉。事已无可奈何，其所摧败，功亦足以暴于天下矣。仆怀欲陈之，而未有路，适会召问，即以此指，推言陵之功，欲以广主上之意，塞睚眦之辞。未能尽明，明主不晓，以为仆沮贰师，而为李陵游说，遂下于理。拳拳之忠，终不能自列。因为诬上，卒从吏议。家贫，货赂不足以自赎，交游莫救，左右亲近不为一言。身非木石，独与法吏为伍，深幽囹圄之中，谁可告诉者！此真少卿所亲见，仆行事岂不然乎？李陵既生降，颓其家声，而仆又佴之蚕室，重为天下观笑。悲夫！悲夫！事未易一二为俗人言也。

仆之先非有剖符丹书之功，文史星历，近乎卜祝之间，固主上所戏弄，倡优所畜，流俗之所轻也。假令仆伏法受诛，若九牛亡一毛，与蝼蚁何以异？而世又不与能死节者比，特以为智穷罪

极，不能自免，卒就死耳。何也? 素所自树立使然也。人固有一
死，或重于泰山，或轻于鸿毛，用之所趋异也。太上不辱先，其
次不辱身，其次不辱理色，其次不辱辞令，其次诎体受辱，其次
易服受辱，其次关木索、被箠楚受辱，其次剔毛发、婴金铁受辱，
其次毁肌肤、断肢体受辱，最下腐刑极矣! 传曰:"刑不上大夫。"
此言士节不可不勉励也。猛虎在深山，百兽震恐，及在槛阱之中，
摇尾而求食，积威约之渐也。故士有画地为牢，势不可入; 削木
为吏，议不可对，定计于鲜也。今交手足，受木索，暴肌肤，受
榜箠，幽于圜墙之中。当此之时，见狱吏则头枪地，视徒隶则心
惕息。何者? 积威约之势也。及以至是，言不辱者，所谓强颜
耳，曷足贵乎! 且西伯，伯也，拘于羑里; 李斯，相也，具于五
刑; 淮阴，王也，受械于陈; 彭越、张敖，南面称孤，系狱抵罪;
绛侯诛诸吕，权倾五伯，囚于请室; 魏其，大将也，衣赭衣，关
三木; 季布为朱家钳奴; 灌夫受辱于居室。此人皆身至王侯将相，
声闻邻国，及罪至罔加，不能引决自裁，在尘埃之中。古今一体，
安在其不辱也? 由此言之，勇怯，势也; 强弱，形也。审矣，何
足怪乎? 夫人不能早自裁绳墨之外，以稍陵迟，至于鞭箠之间，
乃欲引节，斯不亦远乎! 古人所以重施刑于大夫者，殆为此也。

夫人情莫不贪生恶死，念父母，顾妻子，至激于义理者不然，
乃有所不得已也。今仆不幸，早失父母，无兄弟之亲，独身孤立，
少卿视仆于妻子何如哉? 且勇者不必死节，怯夫慕义，何处不勉

焉！仆虽怯懦，欲苟活，亦颇识去就之分矣，何至自沉溺缧绁之辱哉！且夫臧获婢妾，犹能引决，况仆之不得已乎？所以隐忍苟活，幽于粪土之中而不辞者，恨私心有所不尽，鄙陋没世，而文采不表于后世也。

古者富贵而名摩灭，不可胜记，唯倜傥非常之人称焉。盖文王拘而演《周易》；仲尼厄而作《春秋》；屈原放逐，乃赋《离骚》；左丘失明，厥有《国语》；孙子膑脚，《兵法》修列；不韦迁蜀，世传《吕览》；韩非囚秦，《说难》、《孤愤》;《诗》三百篇，大抵圣贤发愤之所为作也。此人皆意有所郁结，不得通其道，故述往事、思来者。乃如左丘无目，孙子断足，终不可用，退而论书策，以舒其愤，思垂空文以自见。

仆窃不逊，近自托于无能之辞，网罗天下放失旧闻，略考其行事，综其终始，稽其成败兴坏之纪，上计轩辕，下至于兹，为十表，本纪十二，书八章，世家三十，列传七十，凡百三十篇。亦欲以究天人之际，通古今之变，成一家之言。草创未就，会遭此祸，惜其不成，是以就极刑而无愠色。仆诚以著此书，藏之名山，传之其人，通邑大都，则仆偿前辱之责，虽万被戮，岂有悔哉！然此可为智者道，难为俗人言也！

且负下未易居，下流多谤议。仆以口语遇此祸，重为乡党所笑，以污辱先人，亦何面目复上父母之丘墓乎？虽累百世，垢弥甚耳！是以肠一日而九回，居则忽忽若有所亡，出则不知其所往。

每念斯耻，汗未尝不发背沾衣也！身直为闺阁之臣，宁得自引深藏岩穴邪？故且从俗浮沉，与时俯仰，以通其狂惑。今少卿乃教以推贤进士，无乃与仆私心剌谬乎？今虽欲自雕琢，曼辞以自饰，无益，于俗不信，适足取辱耳。要之，死日然后是非乃定。书不能悉意，略陈固陋。谨再拜。

第十五节
魏晋南北朝诗文导读

魏晋南北朝是一个分裂的乱世，但在文化创造上却异彩纷呈。由于项目太多，背景不同，很难做总体概括。从曹氏父子到魏晋名士，再到陶渊明、蔡琰、刘勰、郦道元，都开天辟地、光耀史册。对中国文脉而言，这也是一个激流交叠、柳暗花明的重要段落。以下，无论是"基础记忆"还是"扩大记忆"，每一项都自成春秋。因此，以"琳琅满目"来描述这个时代的文脉呈现，正是合适。

基础记忆

1. 曹操。非常重要。我曾多次论述："曹操一心想做军事巨人和政治巨人而十分辛苦，却不太辛苦地成了文化巨人。"

我还举出他的很多诗句，已成为中国熟语。

具体篇目，首选《短歌行》。其次是《步出夏门行》的第一章《观沧海》、第四章《龟虽寿》。另有《蒿里行》，其中名句有"白骨露于野，千里无鸡鸣。生民百遗一，念之断人肠"。

2.蔡琰:《悲愤诗》、《胡笳十八拍》。 一种不同族群、不同生态之间的离乱体验,由一位女性来表述,震撼人心,气势不凡。

3.曹植:《赠白马王彪》、《洛神赋》。

4.阮籍:《咏怀诗》、《大人先生传》(散文)。

5.嵇康:《与山巨源绝交书》(散文)。

6.陶渊明,更加重要。 他是中国文学史上可以与屈原、司马迁、曹操、李白、杜甫、王维、苏东坡、李清照、辛弃疾、关汉卿、曹雪芹并肩而立的第一流大家。 因此,理所当然,也是魏晋南北朝诗文的最高峰。 我希望大家尽可能多地阅读和熟悉陶渊明的作品。

陶渊明的作品,现存诗一百二十多首,文十二篇(其中包括三篇辞赋)。 诗中,有中国一切习文之人都知道的那首《饮酒》其五:"结庐在人境,而无车马喧。 问君何能尔? 心远地自偏。 采菊东篱下,悠然见南山。……"以及《归园田居》:"少无适俗韵,性本爱丘山。 误落尘网中,一去三十年。 羁鸟恋旧林,池鱼思故渊。……"还有《读山海经》:"精卫衔微木,将以填沧海。 刑天舞干戚,猛志固常在。……"

文中，有几乎无人不知的《桃花源记》。

辞赋中，有著名的《归去来兮辞》。对陶渊明的诗文，我由于非常喜欢，所以推荐的篇目较多。与《史记》的推荐篇目一样，大家可以在浏览一遍之后，选择背诵目标。

咏怀诗——《饮酒》、《杂诗》、《读山海经》、《咏荆轲》、《赠羊长史》、《拟古》、《命子》、《停云》、《时运》、《荣木》、《咏贫士》、《庚子岁五月中从都还阻风于规林二首》、《辛丑岁七月赴假还江陵夜行涂口》、《始作镇军参军经曲阿作》、《戊申岁六月中遇火》、《述酒》。

田园诗——《归园田居》、《庚戌岁九月中于西田获早稻》、《移居》、《怨诗楚调示庞主簿邓治中》、《劝农》、《癸卯岁始春怀古田舍》、《丙辰岁八月中于下潠田舍获》。

哲理诗——《形影神》、《己酉岁九月九日》、《连雨独饮》、《拟挽歌辞》、《五月旦作和戴主簿》、《拟古》。

散文及辞赋——《桃花源记》、《归去来兮辞》、《五柳先生传》、《闲情赋》、《感士不遇赋》、《自祭文》。

7.《敕勒川》（北方少数民族的民歌）："敕勒川，阴山下。天似穹庐，笼盖四野。天苍苍，野茫茫，风吹草低见牛羊。"我说过，这几句来自北方的吟唱非常重要，中国文脉由于此川此山，此天此野，此歌此声，更为开阔。

8.《木兰诗》，这是一首在整个中国文化视野中都受到充分喜爱的北朝民歌。爽朗之气改变了原来抒写战火军旅的固有模式，也重塑了中国女性的另类美丽典型。

扩大记忆

1.郦道元《水经注》。一部地理学著作，在描写山水时也体现出了足够的文学价值，可见在实践性的科学家身上也有文脉渗透。

2.杨衒之《洛阳伽蓝记》。在描述宗教发展状况时体现出了文学价值。

3.陆机的《文赋》、刘勰的《文心雕龙》、钟嵘的《诗品》。开启第一代文学批评，总结此前的文学创作状况。由此证明，文学开始拥有了总体思考者。但是，由于总体思考还缺少更多的素材，又由于理论语言过于玄虚，我不主张一般读者深钻其中。

4.即使对书法不熟悉的学员，也应该关注魏晋时代以王羲之为代表的书法艺术高峰。因为书法本身是中国文脉的重要组成部分，是文脉的形体呈现。

　　王羲之与他前后左右的书法，可读我《极品美学》一书中的《书法美学》。他本人的留世杰作中，最值得珍爱的是《兰亭集序》、《快雪时晴帖》、《平安帖》、《丧乱帖》。他儿子王献之的《鸭头丸帖》、《廿九日帖》、《中秋帖》也很精彩。

第十六节
《归去来兮辞》今译

　　回去吧，田园就要荒芜，为什么还不回去？既然是自己把心灵交给了身体，那又为何还要独自惆怅和悲哀？过去已经无法挽回，未来还是可以追赶。其实迷路并未太远，我已经明白今天的选择，昨天的遗憾。船，轻轻地在水中摇晃。风，飘飘地吹拂着衣裳。我向行人问路，但路上，晨光还只是微微透亮。终于看见了横木的家门，我心中一喜就把步子加快。童仆前来迎接，稚子等在门边。小路已经荒蔓，松菊却还依然。我牵着幼子入室，发现酒樽已经斟满。取出壶觞自饮自酌，看看庭院中的树木我不禁开颜。倚凭南窗我又生傲然，反观这小小的容膝之地倒让我收心而安。

　　每天在园中散步成趣，虽然有门却长闭长关。握着手杖走走停停，却经常抬起头来仰望长天。看见那云，无意间飘离了山坳；再看那鸟，飞倦了还自己回返。日光昏昏将要入山，手抚孤松徘徊盘桓。

　　回去吧，我会断绝一切交游。世道与我不合，再驾车出去又有何求？只爱听亲戚们真情闲聊，乐于在琴弦和书页间悠然消忧。 农人告诉我春天来了，将会忙着去西边的田畴。有时我也会乘上遮篷小车，有时我也会划出孤独小舟，有时我也会探寻幽深沟壑，有时我也会攀登崎岖山丘。 一路上，只见草木欣欣向荣，泉水涓涓而流。 真羡慕天下万物皆得天时，只感叹我的生命已走向尽头。

算了吧，寄身宇内能有几时，不如随心任其去留。 何苦成日遑遑不知往哪里走，富贵非我所愿，仙境更不可求。 等天气好时独自遛遛，或者插了手杖下到田里做做帮手。 登上东边的高冈舒喉长啸，对着清澈的水流赋诗几首。 姑且应顺天意终结一生，乐天知命何须疑虑忧愁。

第十七节
《归去来兮辞》原文

　　归去来兮，田园将芜胡不归？既自以心为形役，奚惆怅而独悲？悟已往之不谏，知来者之可追。实迷途其未远，觉今是而昨非。舟遥遥以轻飏，风飘飘而吹衣。问征夫以前路，恨晨光之熹微。

　　乃瞻衡宇，载欣载奔。僮仆欢迎，稚子候门。三径就荒，松菊犹存。携幼入室，有酒盈樽。引壶觞以自酌，眄庭柯以怡颜。倚南窗以寄傲，审容膝之易安。园日涉以成趣，门虽设而常关。策扶老以流憩，时矫首而遐观。云无心以出岫，鸟倦飞而知还。景翳翳以将入，抚孤松而盘桓。

　　归去来兮，请息交以绝游。世与我而相违，复驾言兮焉求？悦亲戚之情话，乐琴书以消忧。农人告余以春及，将有事于西畴。或命巾车，或棹孤舟。既窈窕以寻壑，亦崎岖而经丘。木欣欣以向荣，泉涓涓而始流。善万物之得时，感吾生之行休。

　　已矣乎！寓形宇内复几时？曷不委心任去留？胡为乎遑遑欲何之？富贵非吾愿，帝乡不可期。怀良辰以孤往，或植杖而耘耔。登东皋以舒啸，临清流而赋诗。聊乘化以归尽，乐夫天命复奚疑！

第十八节
唐诗导读

唐诗的记忆，包括记忆的范围、记忆的程度，本身就是一门学问。这是因为，对唐诗的知晓程度，决定着一个中国人的文化品级。

我对唐诗的记忆，有以下几点看法。

第一，唐诗量大，因此反而要把守住记忆之门。如果一味贪多，会成为一个过于沉重的记忆负担，减损了诗歌潇洒、轻灵的韵致。

第二，对优秀唐诗的记忆应该提高要求，达到可以背诵的程度。对于部分特别著名的佳作名句，应该随口吐出，成为中国语言中通行的"古典元件"。

第三，唐诗的背诵，因篇幅而不同。需要大家熟练背诵的，一般集中在五绝、七绝、五律、七律，至于那些篇幅较长的古体诗，虽很重要，但我们会放到"扩大记忆"部分，例如李白的《梦游天姥吟留别》、白居易的《长恨歌》、张若虚的《春江花月夜》等。

第四，唐诗排序有多种标准。中华书局出版的《唐诗排行榜》列出了各首唐诗在古代和现代被入选、被评点的各种数据，使这项工作走向了严谨和科学，很有意义。但是，我则更加倾向于历代民众熟知和传诵的程度，因为民众熟知和传诵，牵涉到一系列文化人类学上的多重原因，比学术界评点更为深刻。既然是传诵，那么，今天民众的熟知程度就是历代传诵的结果。传诵是一种筛选和淘汰，因此，以往的影响力不如今天的影响力重要。

第五，唐诗排序还存在着以诗人归并，还是以诗作归并的区别。不少选本着眼于诗作的体例和内容，而我则更着眼于诗人。每个诗人名下的诗作，也要按照优秀程度和传诵程度来排序。

做了以上五点说明，我们可以列出唐诗"基础记忆"和"扩大记忆"的篇目了。

我本人几十年间一直在不断推敲：究竟有多少首唐诗值得当代华文青年记忆?《唐诗三百首》是清代所设定的一个规模，按照现代普通年轻人的生活节奏和兴趣容量，显然是太多了。二十年前西安曲江新区作为一个重要的唐诗故地，想选刻一些诗碑来吸引中外游人，他们邀请我来选定篇目，我选了二十首。但这是受了刻碑的限制，如果按一般的诵读需求来说，又太少了。

我经过反复权衡，决定选五十首，作为当代华文青年应该背诵唐诗的基数。然后再扩大四十首，作为必要储备。按照我的要求，前面的五十首应该背诵，后面四十首应该熟读。

基础记忆

——必记唐诗五十首

1.李白：早发白帝城

　朝辞白帝彩云间，千里江陵一日还。
　两岸猿声啼不住，轻舟已过万重山。

2.李白：静夜思

　床前明月光，疑是地上霜。
　举头望明月，低头思故乡。

3.李白：黄鹤楼送孟浩然之广陵

　故人西辞黄鹤楼，烟花三月下扬州。
　孤帆远影碧空尽，唯见长江天际流。

4. 李白：将进酒

君不见黄河之水天上来，奔流到海不复回。

君不见高堂明镜悲白发，朝如青丝暮成雪。

人生得意须尽欢，莫使金樽空对月。

天生我材必有用，千金散尽还复来。

烹羊宰牛且为乐，会须一饮三百杯。

岑夫子，丹丘生，

将进酒，杯莫停。

与君歌一曲，请君为我倾耳听。

钟鼓馔玉不足贵，但愿长醉不复醒。

古来圣贤皆寂寞，惟有饮者留其名。

陈王昔时宴平乐，斗酒十千恣欢谑。

主人何为言少钱，径须沽取对君酌。

五花马，千金裘，呼儿将出换美酒，与尔同销万古愁。

5. 李白：蜀道难

噫吁嚱，危乎高哉！

蜀道之难，难于上青天！

蚕丛及鱼凫，开国何茫然。

尔来四万八千岁，不与秦塞通人烟。

西当太白有鸟道，可以横绝峨眉巅。

地崩山摧壮士死，然后天梯石栈相钩连。

上有六龙回日之高标，下有冲波逆折之回川。

黄鹤之飞尚不得过，猿猱欲度愁攀援。

青泥何盘盘，百步九折萦岩峦。

扪参历井仰胁息，以手抚膺坐长叹。

问君西游何时还？畏途巉岩不可攀。

但见悲鸟号古木，雄飞雌从绕林间。

又闻子规啼夜月，愁空山。

蜀道之难，难于上青天，使人听此凋朱颜！

连峰去天不盈尺，枯松倒挂倚绝壁。

飞湍瀑流争喧豗，砯崖转石万壑雷。

其险也如此，嗟尔远道之人，胡为乎来哉！

剑阁峥嵘而崔嵬，一夫当关，万夫莫开。

所守或匪亲，化为狼与豺。

朝避猛虎，夕避长蛇，

磨牙吮血，杀人如麻。

锦城虽云乐，不如早还家。

蜀道之难，难于上青天，侧身西望长咨嗟。

6. 李白：月下独酌

> 花间一壶酒，独酌无相亲。
>
> 举杯邀明月，对影成三人。
>
> 月既不解饮，影徒随我身。
>
> 暂伴月将影，行乐须及春。
>
> 我歌月徘徊，我舞影零乱。
>
> 醒时同交欢，醉后各分散。
>
> 永结无情游，相期邈云汉。

7. 李白：行路难

> 金樽清酒斗十千，玉盘珍羞直万钱。
>
> 停杯投箸不能食，拔剑四顾心茫然。
>
> 欲渡黄河冰塞川，将登太行雪满山。
>
> 闲来垂钓碧溪上，忽复乘舟梦日边。
>
> 行路难，行路难，多歧路，今安在?
>
> 长风破浪会有时，直挂云帆济沧海!

8. 李白：子夜吴歌

> 长安一片月，万户捣衣声。
>
> 秋风吹不尽，总是玉关情。
>
> 何日平胡虏，良人罢远征?

9. 李白：送友人

青山横北郭，白水绕东城。

此地一为别，孤蓬万里征。

浮云游子意，落日故人情。

挥手自兹去，萧萧班马鸣。

10. 李白：宣州谢朓楼饯别校书叔云

弃我去者昨日之日不可留，乱我心者今日之日多烦忧。

长风万里送秋雁，对此可以酣高楼。

蓬莱文章建安骨，中间小谢又清发。

俱怀逸兴壮思飞，欲上青天揽明月。

抽刀断水水更流，举杯销愁愁更愁。

人生在世不称意，明朝散发弄扁舟。

11. 杜甫：登高

风急天高猿啸哀，渚清沙白鸟飞回。

无边落木萧萧下，不尽长江滚滚来。

万里悲秋常作客，百年多病独登台。

艰难苦恨繁霜鬓，潦倒新停浊酒杯。

12. 杜甫：蜀相

丞相祠堂何处寻？锦官城外柏森森。

映阶碧草自春色，隔叶黄鹂空好音。

三顾频烦天下计，两朝开济老臣心。

出师未捷身先死，长使英雄泪满襟！

13. 杜甫：春望

国破山河在，城春草木深。

感时花溅泪，恨别鸟惊心。

烽火连三月，家书抵万金。

白头搔更短，浑欲不胜簪。

14. 杜甫：春夜喜雨

好雨知时节，当春乃发生。

随风潜入夜，润物细无声。

野径云俱黑，江船火独明。

晓看红湿处，花重锦官城。

15. 杜甫：登岳阳楼

昔闻洞庭水，今上岳阳楼。

吴楚东南坼，乾坤日夜浮。

亲朋无一字，老病有孤舟。

戎马关山北，凭轩涕泗流。

16. 杜甫：月夜

今夜鄜州月，闺中只独看。

遥怜小儿女，未解忆长安。

香雾云鬟湿，清辉玉臂寒。

何时倚虚幌，双照泪痕干。

17. 杜甫：赠卫八处士

人生不相见，动如参与商。

今夕复何夕，共此灯烛光。

少壮能几时，鬓发各已苍。

访旧半为鬼，惊呼热中肠。

焉知二十载，重上君子堂。

昔别君未婚，儿女忽成行。

怡然敬父执，问我来何方。

问答乃未已，驱儿罗酒浆。

夜雨剪春韭，新炊间黄粱。

主称会面难，一举累十觞。

十觞亦不醉，感子故意长。

明日隔山岳，世事两茫茫。

18. 杜甫：闻官军收河南河北

剑外忽传收蓟北，初闻涕泪满衣裳。

却看妻子愁何在？漫卷诗书喜欲狂。

白日放歌须纵酒，青春作伴好还乡。

即从巴峡穿巫峡，便下襄阳向洛阳。

19. 杜甫：咏怀古迹

群山万壑赴荆门，生长明妃尚有村。

一去紫台连朔漠，独留青冢向黄昏。

画图省识春风面，环珮空归月夜魂。

千载琵琶作胡语，分明怨恨曲中论。

20. 杜甫：客至

舍南舍北皆春水，但见群鸥日日来。

花径不曾缘客扫，蓬门今始为君开。

盘飧市远无兼味，樽酒家贫只旧醅。

肯与邻翁相对饮，隔篱呼取尽余杯。

21. 王维：送元二使安西

渭城朝雨浥轻尘，客舍青青柳色新。

劝君更尽一杯酒，西出阳关无故人。

22. 王维：山居秋暝

空山新雨后，天气晚来秋。

明月松间照，清泉石上流。

竹喧归浣女，莲动下渔舟。

随意春芳歇，王孙自可留。

23. 王维：鹿柴

空山不见人，但闻人语响。

返景入深林，复照青苔上。

24. 王维：九月九日忆山东兄弟

独在异乡为异客，每逢佳节倍思亲。

遥知兄弟登高处，遍插茱萸少一人。

25. 王维：竹里馆

独坐幽篁里，弹琴复长啸。

深林人不知，明月来相照。

26. 白居易：赋得古原草送别

离离原上草，一岁一枯荣。

野火烧不尽，春风吹又生。

远芳侵古道，晴翠接荒城。

又送王孙去，萋萋满别情。

27. 白居易：问刘十九

绿蚁新醅酒，红泥小火炉。

晚来天欲雪，能饮一杯无？

28. 白居易：琵琶行

浔阳江头夜送客，枫叶荻花秋瑟瑟。

主人下马客在船，举酒欲饮无管弦。

醉不成欢惨将别，别时茫茫江浸月。

忽闻水上琵琶声，主人忘归客不发。

寻声暗问弹者谁，琵琶声停欲语迟。

移船相近邀相见，添酒回灯重开宴。

千呼万唤始出来，犹抱琵琶半遮面。

转轴拨弦三两声，未成曲调先有情。

弦弦掩抑声声思，似诉平生不得志。

低眉信手续续弹，说尽心中无限事。

轻拢慢捻抹复挑，初为霓裳后六幺。

大弦嘈嘈如急雨，小弦切切如私语。

嘈嘈切切错杂弹，大珠小珠落玉盘。

间关莺语花底滑，幽咽泉流冰下难。

冰泉冷涩弦凝绝，凝绝不通声暂歇。

别有幽愁暗恨生，此时无声胜有声。

银瓶乍破水浆迸，铁骑突出刀枪鸣。

曲终收拨当心画，四弦一声如裂帛。

东船西舫悄无言，唯见江心秋月白。

沉吟放拨插弦中，整顿衣裳起敛容。

自言本是京城女，家在虾蟆陵下住。

十三学得琵琶成，名属教坊第一部。

曲罢曾教善才服，妆成每被秋娘妒。

五陵年少争缠头，一曲红绡不知数。

钿头银篦击节碎，血色罗裙翻酒污。

今年欢笑复明年，秋月春风等闲度。

弟走从军阿姨死，暮去朝来颜色故。

门前冷落车马稀，老大嫁作商人妇。

商人重利轻别离，前月浮梁买茶去。

去来江口守空船，绕船月明江水寒。

夜深忽梦少年事，梦啼妆泪红阑干。

我闻琵琶已叹息，又闻此语重唧唧。
同是天涯沦落人，相逢何必曾相识。
我从去年辞帝京，谪居卧病浔阳城。
浔阳地僻无音乐，终岁不闻丝竹声。
住近湓江地低湿，黄芦苦竹绕宅生。
其间旦暮闻何物，杜鹃啼血猿哀鸣。
春江花朝秋月夜，往往取酒还独倾。
岂无山歌与村笛，呕哑嘲哳难为听。
今夜闻君琵琶语，如听仙乐耳暂明。
莫辞更坐弹一曲，为君翻作琵琶行。
感我此言良久立，却坐促弦弦转急。
凄凄不似向前声，满座重闻皆掩泣。
座中泣下谁最多，江州司马青衫湿。

29. 崔颢：黄鹤楼

昔人已乘黄鹤去，此地空余黄鹤楼。
黄鹤一去不复返，白云千载空悠悠。
晴川历历汉阳树，芳草萋萋鹦鹉洲。
日暮乡关何处是？烟波江上使人愁。

30. 王之涣：凉州词

　　黄河远上白云间，一片孤城万仞山。

　　羌笛何须怨杨柳，春风不度玉门关。

31. 王之涣：登鹳雀楼

　　白日依山尽，黄河入海流。

　　欲穷千里目，更上一层楼。

32. 王昌龄：出塞

　　秦时明月汉时关，万里长征人未还。

　　但使龙城飞将在，不教胡马度阴山。

33. 柳宗元：江雪

　　千山鸟飞绝，万径人踪灭。

　　孤舟蓑笠翁，独钓寒江雪。

34. 孟浩然：春晓

　　春眠不觉晓，处处闻啼鸟。

　　夜来风雨声，花落知多少。

35. 杜牧：山行

　　远上寒山石径斜，白云生处有人家。

　　停车坐爱枫林晚，霜叶红于二月花。

36. 刘禹锡：西塞山怀古

　　王濬楼船下益州，金陵王气黯然收。

　　千寻铁锁沉江底，一片降幡出石头。

　　人世几回伤往事，山形依旧枕寒流。

　　今逢四海为家日，故垒萧萧芦荻秋。

37. 刘禹锡：乌衣巷

　　朱雀桥边野草花，乌衣巷口夕阳斜。

　　旧时王谢堂前燕，飞入寻常百姓家。

38. 刘禹锡：石头城

　　山围故国周遭在，潮打空城寂寞回。

　　淮水东边旧时月，夜深还过女墙来。

39. 李商隐：无题

　　相见时难别亦难，东风无力百花残。

　　春蚕到死丝方尽，蜡炬成灰泪始干。

晓镜但愁云鬓改，夜吟应觉月光寒。

蓬山此去无多路，青鸟殷勤为探看。

40. 李商隐：夜雨寄北

君问归期未有期，巴山夜雨涨秋池。

何当共剪西窗烛，却话巴山夜雨时。

41. 王勃：送杜少府之任蜀川

城阙辅三秦，风烟望五津。

与君离别意，同是宦游人。

海内存知己，天涯若比邻。

无为在歧路，儿女共沾巾。

42. 张继：枫桥夜泊

月落乌啼霜满天，江枫渔火对愁眠。

姑苏城外寒山寺，夜半钟声到客船。

43. 陈子昂：登幽州台歌

前不见古人，后不见来者。

念天地之悠悠，独怆然而涕下。

44. 王翰：凉州词

葡萄美酒夜光杯，欲饮琵琶马上催。

醉卧沙场君莫笑，古来征战几人回。

45. 孟郊：游子吟

慈母手中线，游子身上衣。

临行密密缝，意恐迟迟归。

谁言寸草心，报得三春晖。

46. 贾岛：寻隐者不遇

松下问童子，言师采药去。

只在此山中，云深不知处。

47. 卢纶：塞下曲

月黑雁飞高，单于夜遁逃。

欲将轻骑逐，大雪满弓刀。

48. 高适：别董大

千里黄云白日曛，北风吹雁雪纷纷。

莫愁前路无知己，天下谁人不识君。

49. 韦应物：滁州西涧

　　独怜幽草涧边生，上有黄鹂深树鸣。

　　春潮带雨晚来急，野渡无人舟自横。

50. 常建：题破山寺后禅院

　　清晨入古寺，初日照高林。

　　曲径通幽处，禅房花木深。

　　山光悦鸟性，潭影空人心。

　　万籁此都寂，但余钟磬音。

扩大记忆

　　——应记唐诗四十首

1. 李白:《登金陵凤凰台》(凤凰台上凤凰游);

2. 李白:《梦游天姥吟留别》(海客谈瀛洲);

3. 李白:《独坐敬亭山》(众鸟高飞尽);

4. 李白:《关山月》(明月出天山);

5. 李白:《庐山谣寄卢侍御虚舟》(我本楚狂人);

6. 杜甫:《梦李白二首》(死别已吞声);

7. 杜甫:《旅夜书怀》(细草微风岸);

8. 杜甫:《登楼》(花近高楼伤客心);

9. 杜甫：《兵车行》（车辚辚，马萧萧）；

10. 杜甫：《石壕吏》（暮投石壕村）；

11. 杜甫：《哀江头》（少陵野老吞声哭）；

12. 杜甫：《哀王孙》（长安城头头白乌）；

13. 王维：《杂诗》（君自故乡来）；

14. 王维：《终南别业》（中岁颇好道）；

15. 王维：《使至塞上》（单车欲问边）；

16. 王维：《鸟鸣涧》（人闲桂花落）；

17. 王维：《相思》（红豆生南国）；

18. 白居易：《长恨歌》（汉皇重色思倾国）；

19. 杜牧：《赤壁》（折戟沉沙铁未销）；

20. 杜牧：《泊秦淮》（烟笼寒水月笼沙）；

21. 杜牧：《寄扬州韩绰判官》（青山隐隐水迢迢）；

22. 杜牧：《秋夕》（银烛秋光冷画屏）；

23. 元稹：《行宫》（寥落古行宫）；

24. 孟浩然：《过故人庄》（故人具鸡黍）；

25. 孟浩然：《留别王维》（寂寂竟何待）；

26. 孟浩然：《秋登兰山寄张五》（北山白云里）；

27. 王昌龄：《芙蓉楼送辛渐》（寒雨连江夜入吴）；

28. 王昌龄：《闺怨》（闺中少妇不曾愁）；

29. 王昌龄：《塞下曲》（饮马渡秋水）；

30. 李商隐：《无题》（昨夜星辰昨夜风）；

31. 李商隐：《嫦娥》（云母屏风烛影深）；

32. 李商隐：《乐游原》（向晚意不适）；

33. 李商隐：《无题》（来是空言去绝踪）；

34. 张若虚：《春江花月夜》（春江潮水连海平）；

35. 贺知章：《回乡偶书》（少小离家老大回）；

36. 张九龄：《望月怀远》（海上生明月）；

37. 金昌绪：《春怨》（打起黄莺儿）；

38. 王湾：《次北固山下》（客路青山外）；

39. 许浑：《咸阳城西楼晚眺》（一上高城万里愁）；

40. 高适：《燕歌行》（汉家烟尘在东北）。

第十九节
唐诗应该怎么读

精选了唐诗之后，接下来的问题是，应该如何吸引当代人来读唐诗？

反复地强调它的重要性，没有用。因为正常的人不会成天去追随别人所说的"重要性"，而且要追也追不过来。

用现代传媒的浩大比赛来造势也没有用，因为天下一切浩大造势必然会产生同等规模的疑惑心理和抵拒心理。事实证明，这样的赛事最多只是让观众对几个善于背诵的孩子保持几天的记忆，与诗歌的记忆基本无关。而且谁都知道，善于背诵并不等于善于辨识，更不等于善于创作。那些孩子的脑子里壅塞了那么多古董，文化前途令人担忧。

排除了这一些喧闹，总该可以安心读唐诗了吧？也不，因为还会遇到一个迷宫挡在半道上，那就是学术误导、史迹误导、生平误导、考证误导。

这些误导，看起来并不喧闹，似乎比较安静，比较斯文，比较专业，容易取信于很多不喜欢喧闹的人。但是，这种取信，结果也是悲剧性的。除了半途逃出迷宫的人之外，那些沉进去了的人，尽管很可能被旁人称为"唐诗专家"，其实唐诗在他们那里，早已变得浑身披挂、遍体锈斑、老尘厚积、陈词缠绕，没有多少活气了。

喧闹走不通，安静也走不通，问题究竟出在哪里呢？

问题的关键，在于这两条路都断送了诗情、诗魂。

诗情、诗魂，潜藏在每个人心底。早在牙牙学语的孩童时代，很多人的天性中就包含着某种如诗如梦、如歌如吟、如呓如痴的成分。待到长大，世事匆忙，但只要仍然能以天真的目光来惊叹大地山水，发现人情美丽，那就证明诗情未脱，诗魂犹在。读唐诗，只是对自身诗情、诗魂的印证、延伸。因此，归结点还在于自身。

由于社会分工不同，也有一些专业研究者会去考据一首首唐诗的种种档案资料。他们的归结，不是人人皆有的诗情、诗魂，而是越写越冷的专著、论文。前面所说的迷宫，就是由他们挖掘和搭建的。天底下有一些迷宫也不错，可以让一些闲散人士转悠一下，却不宜诱惑普通民众都进来折腾。尤其是年轻人，只要进入了这样的迷宫，原先藏在心底的诗情、诗魂就会渐渐淡薄，直至荡然无存。

　　此间情景，就像寻找爱恋对象。如果男女双方不是直接面对眼神表情、举止谈吐、临事态度、气息神韵，而只是一味地查看对方的族亲网络、姓氏渊源、地域历史、早年成绩，能够成功地找到自己的心上人，并长久地生活在一起吗？

　　我们寻找自己喜爱的唐诗，其实也是在寻找自己的心灵爱恋，寻找能让自己的情感和灵魂震颤的终身伴侣。可惜，我们的很多研究专家，只是户籍科里的档案资料员，与实际发生的恋爱基本无关。

　　对这件事，我倒是具有双重话语权。长久的学术经历使我对迷宫的沟沟坎坎非常熟悉，而我在专业上毕竟承担着追求感性大美的责任，因此更知道迷宫之外的风景。我很想举出几首唐诗，谈谈不同的阅读方向，来分辨诗魂之所在。

　　例一：李白的《早发白帝城》，又叫《下江陵》。

　　这是我选的"必记唐诗五十首"中的第一首，因此先讲。这首诗大家都很熟悉——

　　　　朝辞白帝彩云间，
　　　　千里江陵一日还。

两岸猿声啼不住，

轻舟已过万重山。

　　最好的唐诗都不喜欢生僻词汇和历史典故，因此很多研究专家面对这样的诗总是束手无策。这首诗也是这样，明白如话，毫无障碍，研究专家只能在生平事迹上面下功夫了。

　　这功夫一下可了不得，因为这首诗是李白获得一次大赦后写的。那么，随之而来就要追问：他犯了什么罪？那就必须牵涉到他在"安史之乱"发生后跟随永王李璘平叛的事了。李璘为什么招他入幕？平叛为什么又犯了罪？与他一起跟随永王平叛的将领均已无罪，为什么他反而被判流放夜郎？又为什么获得大赦？……这些问题，都非常重大，当然也是这首诗的历史背景和心理背景。中国学术界常常认为，历史重于艺术，所以一门诗歌课程常常也就变成了历史课程。历史讲了千言万语，诗情、诗魂都被挤到了一边，成了庞大历史的可怜附庸。

　　接下来，研究专家还会细细讲述，李白在这首诗中写到的千里之外的江陵，是此行的目的地。他到那里何以为生？投靠谁？好像是投靠做太守的朋友韦良宰。后来他又到过洞庭、宣城、金陵，生活困难，最后投奔在当涂做县令的族叔李冰阳，并在那里去世。

诗人的这种生平，常常成为我们论诗的主要内容，其实这是颠倒了。难道一切艺术创作，都是自我经历的直接写照吗？小诗人、小作品也许是，大诗人、大作品就不是了。人类要诗，是在寻求超越——超越时间，超越空间，超越自我，超越身边的混乱，超越当下的悲欢，而问鼎永恒的大美。诗，既是对现实人生的反映，又是对现实人生的叛离，并在叛离中抵达彼岸。不叛离，就没有彼岸。

因此，我虽然也很乐意阅读诗人的生平事迹，却不愿把他们的繁杂遭遇与他们的千古诗句直接对应。那样的繁杂遭遇，人人都碰到过，为什么只有他写出常人无法企及的诗句？可见那是一条孤单的小舟在天性指引下划破浩渺烟波而停泊到了彼岸的神圣诗境，这与此岸的生态已经非常遥远。

遗憾的是，世间的学者、教师，总习惯于删却孤单小舟，删却浩渺烟波，将此岸和彼岸硬拉生扯地搅和在一起，其实也就是驱逐了神圣诗境。

还是回到这首《早发白帝城》吧。李白的高妙，首先是在交通条件还很原始的古代，完成了极短的时间和较长的空间的奇异置换。这种在"一日"和"千里"之间的奇异置换，昭示了人类生命力有可能达到的畅快，因此能使一切读者产生一种生命的动态喜悦。

这种人类生命力的畅快和喜悦实在太珍罕、太精彩了，因此诗人借一些自然力来衬托和喝彩。哪些自然力？一是彩云；二是白帝城；三是千里江陵；四是万重山。这四项，足够气派，又足够美丽，但都是静穆的，还缺一点声音，于是，李白拉出了"猿声"，还"啼不住"，于是视觉和听觉一起调动起来了，全盘皆活。

这"两岸猿声"，是一种自然存在，还是被李白的轻舟惊动，还是为李白的轻舟叫好？都可以。因为它没完没了，也就变成了一种绵绵不绝的交响伴奏。

比彩云、白帝城、千里江陵、万重山、猿声更为主动的，就是那条轻舟。它琐小、不定、无彩、无声，却以一种大运动，压过了前面这一切。山水云邑，只为大运动让路。

始终没有提到这种大运动的执掌者，那就是比轻舟更琐小的诗人。山水云邑为大运动的轻舟让路，其实也就是为诗人让路。边让路边喝彩，今天，千里山河的主人就是他了。由此，千里山河也因他而焕发了诗情、诗魂。是轻舟在写诗，也是彩云、白帝城、千里江陵、万重山、猿声一起在写诗。当然，这就写成了一首真正的大诗。尽管，只有四句，二十八个汉字。

诗的奇迹，莫过于此。因此，我把它列为必记唐诗第一首。

那就紧接着来看看第二首吧，也是李白的，《静夜思》，所有的中国人都会随口背诵。

> 床前明月光，
> 疑是地上霜。
> 举头望明月，
> 低头思故乡。

这首诗的通俗程度，进一步证明了极品唐诗都不深奥。研究专家更加不知怎么来显摆学识了，这让我深感痛快。我从几十年前开始就不断论述，学问和诗情是两回事，而对人类而言，诗情比学问更重要，却很少有人相信。直到我一次次搬出亚里士多德对诗和历史孰重孰轻的论述，大家还是不相信。人们似乎越来越崇拜那些引经据典、咬文嚼字的装腔群落，而不看重衣带飘飘、心怀天地的行吟身影。

在这个问题上，人们常常过于谦虚了，对于自己童年就会背诵的诗句有点轻视，而对于自己怎么也弄不明白的晦涩学问格外恭敬。其实，一千多年来五湖四海的学童都能琅琅背诵，背诵过后又终生不忘，这本身就是一个关及民族文化心理的宏大课题，比那些晦涩学问重要百倍。

由于那些研究专家对于《静夜思》的通俗无从下手，就走了偏门，专门去研究李白所思的故乡究竟在哪里。这就惹出了大麻烦，几个地方在争抢，都有历史考据文章做主撑，于是一下子又陷入了学术泥淖。"明月光"、"地上霜"全部都蒙上了一层层厚厚的污泥，再也找不到一丝诗情。其中，比较可信的论点是李白出生于今天吉尔吉斯斯坦北部的托克马克城，那时叫碎叶。那么，李白思念的故乡难道就是托克马克城吗，还是童年时迁徙到过的某个地方？我知道这个争抢还会长期继续，我更知道这一切与诗关系不大。

不被争抢的就是这四句诗，二十个字。那么，我们就回到非学术的诗句上来吧。

把"明月光"疑看成"地上霜"，很美，但美在诗人还没有醒透。因为诗人的床不会在露天，所以永远也不可能结霜在床前之地。 如此一疑，倒是醒了。 一醒就知道是月光，但如此明亮却是罕见，于是抬起头来望月。

——至此，已经有了诗意，却还没有诗情。 诗情，往往产生于大空间的滑动式联想。 也就是说，李白从一个疑似的错觉很诗意地找到月亮，而要调动诗情，还必须从月亮联想开去，而且必须是大空间的想象。 他，很自然，又很天才地从明月联想到了故乡。

为什么说，从明月联想到了故乡至关重要？ 因为这个联想终于成了所有中国人的"习惯想象"。 几乎一切中国人，在静夜仰月时都会联想到故乡，这个习惯就是由李白的这首诗养成的。 以前也有人这样联想过，但不普及，不经典，与千年民众的心理习惯关系不大。 一个诗人如果能用几句诗建立千年民众的心理习惯，那实在是问鼎了稀世伟大。 李白用这首最通俗的诗，做到了。

由明月联想到故乡，他只是一笔带过，但这一笔之中包含的内容却极其丰富。 人人都会从这个联想伸发出自己的各种感受，例如——

这月亮，我最早看到，是在故乡的屋顶；

这里与故乡远隔千里，只有它完全一样；

那夜妈妈正在门前月光下安排晚餐，一个骑士的黑暗遮住了餐桌，我们抬头一看，爸爸背了一个大月亮；

故乡童年的游戏，总是在夜间野外，因此，月亮是所有小伙伴每天的期盼；

今夜故乡的明月照见了什么？有没有几个我认得的身影？

可能没有什么变化，可能已经大变，月亮，你能告诉我吗？

这就是从月亮联想故乡的起点性话题，但这个话题又会无限展开，于是李白就从"举头"变成了"低头"。"举头"时已经想了很多，一"低头"，那就会想得越来越深入。因此，今天晚上李白要失眠一段时间了。

广大读者顺着李白铺下的"习惯想象"轨道，一见月亮就想故乡。月亮老是在头上，因此，故乡也就总是在心中。这就是一首名诗交给天下大地的魅力。

少数知道李白的读者在联想之后还会在心中发问：这个写下"中华第一思乡诗"的诗人，为什么总也不回故乡看看呢？他又没有什么公务缠身，也不怕长途跋涉，却一直思乡而不回乡，这中间一定有更深刻的哲理吧？

这里确实蕴藏着一种"诗人的哲理"，那就是：最美的故乡就在思念中。真回去了，那就太实了，不美了。因此，李白的故乡只能隐隐地浮动于"地上霜"和"明月光"之中，只能飘飘地出没在"举头"和"低头"之间。他太懂这种"诗人的哲理"，因此要小心翼翼地维护，决不走上回乡的路。

其实，对李白来说，故乡早已泛化、虚化、诗化。因此研究专家们不管做多少考证，写多少文章，都在背离他心中诗化了的故乡。你们争论得再热闹，他也不会关心，甚至还会气恼。

再讲必记唐诗第三首，还是李白的，题为《黄鹤楼送孟浩然之广陵》。也是四句——

　　　　故人西辞黄鹤楼，
　　　　烟花三月下扬州。
　　　　孤帆远影碧空尽，
　　　　唯见长江天际流。

研究专家们一定会花不少笔墨来写李白与孟浩然的友情，追溯他们这次告别的原因，以及孟浩然到扬州去干什么，李白当时的处境，等等。 这些背景资料，说说也可，但不能本末倒置，而忘了千古诗魂。

《唐诗选脉会通评林》引陈继儒对这首诗的裁断："送别诗之祖"。

送别诗，本是古今诗坛中最重要的门类之一，居然可以在这首诗中认祖，可见这二十八个汉字成了一个极关键的始发之源。 也就是说，它为后代的各种送别诗提供了"传代基因"。 显然，这已经远远超越了两个人的具体交往。

那么，导致超越和传代的"基因"是什么呢？

第一，用高超的方式表现送别，往往只写景，少抒情，甚至不抒情。 因为情分等级，一般之情可抒，最深之情不可抒，最好衍生出一个惊人的时空结构来安顿。

第二，用高超的方式表现送别，往往不拥抱、不拭泪、不叮咛，而是十分安静，好像什么事也没有发生。

第三，用高超的方式表现送别，不宜左顾右盼，最好聚焦于一方，着笔于另一方离开之后。

第四，用高超的方式表现送别，除特别需要的悲痛和细腻之外，多数要呈示出一种典仪高度，在气氛烘托上力求美丽、大气、开阔。

这四点，正可以由李白的这首诗来印证。

这首诗的送别礼仪，布置得美丽而贵重。地点是黄鹤楼，时间是烟花三月，至于被送者的目标扬州则更加美丽和贵重。诗的上半首有了这番提领，今天的送别就有了超常的力度。但是，这个力度并没有落到告别的两人身上，而是故意放过两人的场面，只留下送行者一人，安静地看着友人乘船远去。其实连友人的身影都见不到，看到的只是"孤帆远影"。那就是说，他们已经分手好一会儿了。

这里就出现了写诗的一种美学策略。短短四句，万千深情，只能严选一个"最有意味的场景"。李白显然是选对了：一个人，在高处眺望友人的孤舟越来越远，一直到完全看不见，消失在碧空之中。但是，这个场景的主角并不是孤舟，也不是孤舟上的友人，而是这个站在高处的眺望者。他凭着超长时间的眺望，凭着眼里只要还有一丝朋友的痕迹就绝不离开的行为，成了感动读者的主体形象。诗中没有写眺望者自己，却不经意地把自己写成了主角——送别的主角，江边的主角，情感的主角。这个无形的主角与孤帆远影连在一起，就构成了一个真正丰厚无比的"最有意味的场景"。这种美学策划，确实高明。

但是事情还没有完。等到孤帆消失于碧空之中，诗人还没有离开，又呆呆地看了一会儿长江。"唯见长江天际流"，这已经成了一个"空镜头"。但是，正是这个"空镜头"的定格，展现了送别的无限深度和广度。

由此，说这首诗是"送别诗之祖"，完全合格。

有人说，这几句诗，又用长江象征着友情。是吗？抱歉，这一点我倒是没有看出来。

就像我不喜欢抒情之诗一样，我也不喜欢哲理之诗。诗中本可渗透一点哲理，但是如果拿一首诗来做哲理的象征，或者通过象征达到哲理，都有点反客为主。哲理有不小的派头，它一来，诗情、诗魂只能让到一边去了，这就是"鸠占鹊巢"，不太好。诗的最高等级，还在于不动声色的极致情景。且让我们再诵读一遍这两句诗："孤帆远影碧空尽，唯见长江天际流。"

本来，我想顺着上面的路子，把我选的"必记唐诗五十首"都讲述一遍，甚至扩大篇目，写成一本像模像样的《余读唐诗》。而且可以想象，这是一件非常轻松、愉快的事情。

但是，考虑再三，决定不写这本书了。因为我觉得前面对三首唐诗的讲述，已经大体展示了我的读诗方法。真要写下去，当然也可以精彩，但我这个人历来害怕花很多时间做一项差不多的工作。反正已经开了一道门，其他读者可以从这道门进入后自己走下去，更可以开出很多自己的门，走自己的路。我希望不同的读者在唐诗面前能够展现出不同的解读自由。唐诗是一种"远年引信"，能够激发出我们每个人天性中早就储存着的诗情、诗魂，因此应该有大量不同的门径。

我在上文讲了几句对研究专家不太恭敬的话，请专家们谅解。其实你们也提供了解读的一种门径，只可惜，我觉得这些门径离诗情、诗魂还有较大的距离，因此要对年轻人做一点区分。

那就干脆，在这篇文章的最后，对接触唐诗不久的年轻人做几点更完整的提示吧。

一、唐诗是诗，不是学问。诗与我们每个人的内心相关，因此，你们尽可以一门心思地去读那些"一上眼就喜欢"的诗。"一上眼就喜欢"，是现代心理学研究的重要现象，证明那些诗句与你自己的心理结构存在着"同构关系"。喜欢李白的这两句，证明千年之后的你，与写诗时的李白有一种隔代的心理共振。这是通向伟大的缆索，因此要抓住不放，反复吟诵。 读这样的诗，其实是在读自己。 读自己，也可以说是用唐诗唤醒自己，唤醒一个具有潜在诗魂的人。

　　二、太复杂、深奥、艰涩的诗，可以暂时搁置。 如果今后你选了中国古典文学专业，再读也不迟。 我在前面说过，最好的唐诗都不喜欢生僻词汇和历史典故。 这是唐诗在楚辞和汉赋之后的一次整体解放，也是唐诗能够轰动社会的原因之一。 最好的唐诗，不允许学术硬块来阻挡流荡的诗情，而真正的诗情因为直通普遍人性，所以一定畅然无碍，人人可感。

　　三、由此引出第三点提示：读唐诗就是读唐诗，不要把衍生体、派生体、次生体当作唐诗本体。 衍生体中，精简的注释倒是可以偶尔读一下，却不宜让太多知识性、资料性、考证性的文本挡住了视线。 写这些文本的人，以诗的名义失去了诗，实在是一种无奈的文化牺牲，我们应该予以同情，却不必追随他们的失去程序。

第二十节
唐代散文导读

　　唐代文学的精粹，主要集中在唐诗了，散文领域的成就比较一般。历史上所谓的"唐宋八大家"，有两个是唐代的，有六个是宋代的。唐代的两个，就是韩愈和柳宗元。

　　韩愈和柳宗元在文学上的最大贡献，是推动了唐代的"古文运动"。他们所提倡的"古文"，主要是指先秦两汉时代那种散落自由、不受形式局限的文体，以针对魏晋以来"骈体时文"的流行病。因此，他们所推动的"古文运动"，初一看是倒退，由"时文"倒退到了"古文"，其实是切中时弊，对流行长久的那种藻饰繁丽的陈词滥调进行了批判和否定。韩愈和柳宗元本身又是散文作家，用成功的实践对自己的文学主张做出了示范，影响不小。因此，后来苏东坡赞扬韩愈"文起八代之衰"，也就是为文学的传承找到了新起点。

　　但是，起点是找到了，弊病也指出了，成果却不太大。"文起八代之衰"的说法，是对一场改革运动的宏观赞扬，而不是对当时文学成果的全面肯定。因此苏东坡又说了："*唐无*

文章，惟韩退之《送李愿归盘谷序》一篇而已。"（见《东坡题跋》）这话的口气太大，不太像是苏东坡说的，我以后还会考证一下。但不管怎么说，在散文上，唐代确实比不过宋代。

韩愈写过不少既可以说是论文，又可以说是散文的文章，例如《原道》、《原毁》、《师说》、《争臣论》等等，都很著名，但在我看来，这些文章主要应该属于论文，缺少文学成色。他也写了一些带有情感色彩的文章，而文学品相更独特的，确实是那篇《送李愿归盘谷序》。

就散文而论，柳宗元的成就高过韩愈。除了具有散文风致的论文《封建论》外，柳宗元还写过一些带有寓言色彩的哲理散文，而成就最大的是那些山水游记，例如《至小丘西小石潭记》、《石涧记》、《钴鉧潭西小丘记》、《永州崔中丞万石亭记》、《游黄溪记》等等。而我更喜欢的，则是《愚溪诗序》。这就形成了唐代散文"基础记忆"和"扩大记忆"的篇目。

基础记忆

1. 韩愈:《送李愿归盘谷序》;

2. 韩愈:《送孟东野序》;

3.韩愈:《进学解》;

4.柳宗元:《愚溪诗序》;

5.柳宗元:《捕蛇者说》;

6.柳宗元:《种树郭橐驼传》。

扩大记忆

1.韩愈:《师说》;

2.韩愈:《马说》;

3.柳宗元:《始得西山宴游记》;

4.柳宗元:《钻鉧潭西小丘记》;

5.柳宗元:《至小丘西小石潭记》。

第二十一节
《送李愿归盘谷序》今译

太行山南面，有一个盘谷。在盘谷间，泉水甘洌，土地肥沃，草木茂盛，居民稀少。有人说，它环在两山之间，所以叫盘。有人说，这个山谷，幽深而险阻，是隐士们的去处。

我的朋友李愿，就住在那里。

为什么住在那里？李愿对我说了这么一番话——

"人们所说的大丈夫，我知道。他们把利益施于他人，得名声显于一时。他们身在朝廷，任免百官，辅佐皇上，发号施令。一旦外出，便竖起旗帜，排开弓箭，武夫开道，随从塞路，负责供给的人捧着物品在道路两边奔跑。他们高兴了，就赏赐；生气了，就刑罚。才俊之士挤满他们眼前，说古道今来歌颂他们的盛德，他们听得入耳，并不厌烦……

"他们身后又有不少女子，曲眉丰颊，声清体轻，秀外慧中，薄襟长袖，施粉画黛。这些女子，列屋闲居，妒宠而又自负，争妍而求爱怜……

"受皇上信任而执事于当今的大丈夫，就是这种行为状态。

"我并不是因为厌恶这一切而逃开，只是命中注定，未曾有幸达到。

"我，贫居山野，登高望远，在茂密的树林下度过整日，在清澈的溪泉间自洗自洁。作息不讲时间，只求舒适安然。

"我想，与其当面备受赞誉，不如背后没有毁谤；与其身体享受快乐，不如内心没有忧愁。这样，就不必在乎车马服饰的等级，不用担心刀锯刑罚的处分，不必关心时世治乱的动静，不必打听官场升降的消息。——这就是不合时世的大丈夫，这就是我。

"如果不是这样，伺候于公卿之门，奔走于权势之途，刚要抬脚就畏缩，刚想开口就嗫嚅，身处污秽而不羞，触犯刑法而获诛，一生都在求侥幸，直到老死方止步。这样做人，究竟是好，还是不好？"

——我韩愈听了李愿的这番话，决定为他壮行。

我为他斟上酒，还为他作了歌——

盘谷啊盘谷，真是你的地方。

盘谷的泥土，让你垦稼种粮，

盘谷的溪泉，让你洗濯游荡，

盘谷的险阻，让你不必守防。

幽远而深秘，

开廓而空旷，

环绕而曲折，

似往而回向。

盘谷之乐，

乐而无殃。

虎豹远去，

蛟龙遁藏。

鬼神守护，

阻止不祥。

有饮有食寿而康，

知足常乐无奢望。

且为车辆添油膏，

喂罢马匹握住缰，

我要随你去盘谷，

终生逍遥复徜徉。

第二十二节
《送李愿归盘谷序》原文

　　太行之阳有盘谷。盘谷之间，泉甘而土肥，草木丛茂，居民鲜少。或曰："谓其环两山之间，故曰'盘'。"或曰："是谷也，宅幽而势阻，隐者之所盘旋。"友人李愿居之。

　　愿之言曰："人之称大丈夫者，我知之矣。利泽施于人，名声昭于时。坐于庙朝，进退百官，而佐天子出令。其在外，则树旗旄，罗弓矢，武夫前呵，从者塞途，供给之人，各执其物，夹道而疾驰。喜有赏，怒有刑。才畯满前，道古今而誉盛德，入耳而不烦。曲眉丰颊，清声而便体，秀外而惠中，飘轻裾，翳长袖，粉白黛绿者，列屋而闲居，妒宠而负恃，争妍而取怜。大丈夫之遇知于天子，用力于当世者之所为也。吾非恶此而逃之，是有命焉，不可幸而致也。

　　"穷居而野处，升高而望远，坐茂树以终日，濯清泉以自洁。采于山，美可茹；钓于水，鲜可食。起居无时，惟适之安。与其有誉于前，孰若无毁于其后；与其有乐于身，孰若无忧于其心。车服不维，刀锯不加，理乱不知，黜陟不闻。大丈夫不遇于时者之所为也，我则行之。

　　"伺候于公卿之门，奔走于形势之途，足将进而趑趄，口将言而嗫嚅，处污秽而不羞，触刑辟而诛戮，侥幸于万一，老死而后止者，其于为人贤不肖何如也？"

昌黎韩愈，闻其言而壮之，与之酒而为之歌曰："盘之中，维子之宫。盘之土，可以稼。盘之泉，可濯可沿。盘之阻，谁争子所？窈而深，廓其有容；缭而曲，如往而复。嗟盘之乐兮，乐且无央。虎豹远迹兮，蛟龙遁藏。鬼神守护兮，呵禁不祥。饮且食兮寿而康，无不足兮奚所望？膏吾车兮秣吾马，从子于盘兮，终吾生以徜徉。"

第二十三节
《愚溪诗序》今译

灌水北面，有一条溪，向东流入潇水。有人说，过去有一家姓冉的住在这里，所以这溪也有了姓，叫冉溪；又有人说，这溪可以漂染丝帛，所以按功能叫染溪。

我因愚钝而触罪，被贬到潇水边上，却爱上了这条溪。沿溪水走进去二三里，见到一个景色绝佳处，便安了家。古代有愚公谷，我以溪安家，叫什么呢？当地人还在争论是冉溪还是染溪，看来不能不改个名字了，那就叫愚溪吧。

我又在愚溪边上买了一个小山丘，取名为愚丘；从愚溪朝东北方向走六十步，有泉水，我又买了下来，取名为愚泉；愚泉有六个泉穴，泉水都来自山下平地而向上涌出，合流后弯曲向南，我取名为愚沟；在愚沟上堆土积石，塞住隘口，取名为愚池；愚池的东边，建了愚堂；愚池的南边，盖了愚亭；愚池的中间，有一个愚岛。——算一下，共有八愚。这么些错落有致的嘉木异石，都是山水奇迹，却因为我，一起蒙上了"愚"的屈辱。本来水是智者所乐，为什么眼下这道溪水独独以愚相称？你看，它水位很低，不能用来灌溉；它水流峻急，又多嶙峋，大船进入不了；它幽深浅狭，蛟龙不屑一顾，因为不能在这里兴云作雨。 总之，它不能被世间利用，恰恰与我类似。 那么，委屈一下以愚相称，也可以。

春秋时的宁武子说，国家混乱时要变得愚笨，这是聪明人之愚；颜回在听孔子讲述时从不发问，貌似愚笨，这是睿悟者之愚。 他们都不是真愚。 我生于有道之世，却违背时理，做了傻事。 因此要说愚，莫过于我了。 这也就是说，天下谁也不能来与我争这条溪，只能由我拥有，由我命名。

但是，回过来说，这溪虽然不能被世间利用，却能映照天下万物。 它清莹秀澈的水流，金石铿锵的声音，能使一切愚者喜笑眷恋，乐而忘返。

我虽然与世俗不合，却也能用文墨慰藉自己、洗涤万物、掌控百态，什么也逃不出我的笔下。 因此，我今天以愚辞来歌颂愚溪，便觉得茫茫然与此溪相合，昏昏然与此溪同归。 超然于鸿蒙混沌，相融于虚静太空，寂寥于无我之境。 于是，便作了一首《八愚诗》，刻记在溪石之上。

第二十四节
《愚溪诗序》原文

　　灌水之阳有溪焉，东流入于潇水。或曰：冉氏尝居也，故姓是溪为冉溪。或曰：可以染也，名之以其能，故谓之染溪。予以愚触罪，谪潇水上。爱是溪，入二三里，得其尤绝者家焉。古有愚公谷，今予家是溪，而名莫定，土之居者，犹龂龂然，不可以不更也，故更之为愚溪。

　　愚溪之上，买小丘，为愚丘。自愚丘东北行六十步，得泉焉，又买居之，为愚泉。愚泉凡六穴，皆出山下平地，盖上出也。合流屈曲而南，为愚沟。遂负土累石，塞其隘，为愚池。愚池之东为愚堂。其南为愚亭。池之中为愚岛。嘉木异石错置，皆山水之奇者，以予故，咸以愚辱焉。

　　夫水，智者乐也。今是溪独见辱于愚，何哉？盖其流甚下，不可以溉灌。又峻急多坻石，大舟不可入也。幽邃浅狭，蛟龙不屑，不能兴云雨，无以利世，而适类于予，然则虽辱而愚之，可也。

　　宁武子"邦无道则愚"，智而为愚者也；颜子"终日不违如愚"，睿而为愚者也。皆不得为真愚。今予遭有道而违于理，悖于事，故凡为愚者，莫我若也。夫然，则天下莫能争是溪，予得专而名焉。

溪虽莫利于世，而善鉴万类，清莹秀澈，锵鸣金石，能使愚者喜笑眷慕，乐而不能去也。予虽不合于俗，亦颇以文墨自慰，漱涤万物，牢笼百态，而无所避之。以愚辞歌愚溪，则茫然而不违，昏然而同归。超鸿蒙，混希夷，寂寥而莫我知也。于是作《八愚诗》，纪于溪石上。

第二十五节
宋词导读

　　宋词是继唐诗之后的又一个文化奇迹。文学史上的这种文化奇迹，是一种新兴文体的全方位创造状态，人才啸聚，大师辈出，佳作汇涌。中国已经驾驭过唐诗的大潮，因此，在宋词上出现的这种文化奇迹，就呈现得更加从容自如了。

　　在宋朝建立之初，有一个被关在俘虏屋里的人，竟然是这个朝代典范文体的初创者，他就是李煜。在一般文学史上，他并不归属于宋朝，但我却因宋词的理由把他看作宋代文学的先行者。王国维说，词因他，"境界始大"。因此，在宋词排序之前，我们必须先把他的四个代表作介绍出来。而且，都被列录于"基础记忆"的范畴。

　　李煜——

　　1.《虞美人》（春花秋月何时了）；

　　2.《浪淘沙》（帘外雨潺潺）；

　　3.《相见欢》（无言独上西楼）；

4.《破阵子》（四十年来家国）。

读过了他的四首词，我们就可以来为宋词排序了。

与唐诗一样，对宋词的排序也先分词人，再分作品。作品次序，考虑多方因素，首看民众熟知程度。

宋词与唐诗一样光芒万丈，但它们之间也有一个明显的区别，那就是，从整体看，唐诗较少重复，而宋词则较多因袭。唐诗有一种天地初开的拓展劲头，而宋词却在低吟慢唱中过多地关顾前后左右。宋词的中等作品之下，有大量近似的"意向模式"和"高频率语块"。因此，宋词的创造魅力，更多地集中在那几个站在前沿的巨匠身上。这一事实，让我们在排序时更会把注意力投向那些响亮的名字。

以下，就是对宋词中"基础记忆"和"扩大记忆"篇目的排序。

基础记忆

——必记宋词三十五首

1.苏轼：念奴娇·赤壁怀古

大江东去，浪淘尽，千古风流人物。故垒西边，人道是，三国周郎赤壁。乱石穿空，惊涛拍岸，卷起千堆雪。江山如画，一时多少豪杰。

遥想公瑾当年，小乔初嫁了，雄姿英发。羽扇纶巾，谈笑间，樯橹灰飞烟灭。故国神游，多情应笑我，早生华发。人生如梦，一樽还酹江月。

2. 苏轼：水调歌头·中秋

明月几时有？把酒问青天。不知天上宫阙，今夕是何年。我欲乘风归去，又恐琼楼玉宇，高处不胜寒。起舞弄清影，何似在人间！

转朱阁，低绮户，照无眠。不应有恨，何事长向别时圆？

人有悲欢离合，月有阴晴圆缺，此事古难全。但愿人长久，千里共婵娟。

3. 苏轼：卜算子·黄州定惠院寓居作

缺月挂疏桐，漏断人初静。谁见幽人独往来，缥缈孤鸿影。

惊起却回头，有恨无人省。拣尽寒枝不肯栖，寂寞沙洲冷。

4. 苏轼：江城子·乙卯正月二十日夜记梦

　　十年生死两茫茫，不思量，自难忘。千里孤坟，无处话凄凉。纵使相逢应不识，尘满面，鬓如霜。

　　夜来幽梦忽还乡，小轩窗，正梳妆。相顾无言，惟有泪千行。料得年年肠断处，明月夜，短松冈。

5. 苏轼：蝶恋花·花褪残红青杏小

　　花褪残红青杏小。燕子飞时，绿水人家绕。枝上柳绵吹又少，天涯何处无芳草。

　　墙里秋千墙外道。墙外行人，墙里佳人笑。笑渐不闻声渐悄，多情却被无情恼。

6. 苏轼：定风波·沙湖道中遇雨

　　莫听穿林打叶声，何妨吟啸且徐行。竹杖芒鞋轻胜马，谁怕？一蓑烟雨任平生。

　　料峭春风吹酒醒，微冷，山头斜照却相迎。回首向来萧瑟处，归去，也无风雨也无晴。

7. 苏轼：临江仙·夜归临皋

　　夜饮东坡醒复醉，归来仿佛三更。家童鼻息已雷鸣。敲门都不应，倚杖听江声。

长恨此身非我有，何时忘却营营？夜阑风静縠纹平。小舟从此逝，江海寄余生。

8. 苏轼：江城子·密州出猎

老夫聊发少年狂，左牵黄，右擎苍，锦帽貂裘，千骑卷平冈。为报倾城随太守，亲射虎，看孙郎。

酒酣胸胆尚开张。鬓微霜，又何妨！持节云中，何日遣冯唐？会挽雕弓如满月，西北望，射天狼。

9. 李清照：声声慢·寻寻觅觅

寻寻觅觅，冷冷清清，凄凄惨惨戚戚。乍暖还寒时候，最难将息。三杯两盏淡酒，怎敌他、晚来风急！雁过也，正伤心，却是旧时相识。

满地黄花堆积，憔悴损，如今有谁堪摘？守着窗儿，独自怎生得黑！梧桐更兼细雨，到黄昏、点点滴滴。这次第，怎一个愁字了得！

10. 李清照：如梦令·昨夜雨疏风骤

昨夜雨疏风骤。浓睡不消残酒。试问卷帘人，却道海棠依旧。知否、知否？应是绿肥红瘦。

11.李清照：醉花阴·薄雾浓云愁永昼

薄雾浓云愁永昼，瑞脑销金兽。佳节又重阳，玉枕纱厨，半夜凉初透。

东篱把酒黄昏后，有暗香盈袖。莫道不销魂，帘卷西风，人比黄花瘦。

12.李清照：一剪梅·红藕香残玉簟秋

红藕香残玉簟秋。轻解罗裳，独上兰舟。云中谁寄锦书来？雁字回时，月满西楼。

花自飘零水自流。一种相思，两处闲愁。此情无计可消除，才下眉头，却上心头。

13.李清照：如梦令·常记溪亭日暮

常记溪亭日暮，沉醉不知归路。兴尽晚回舟，误入藕花深处。争渡，争渡，惊起一滩鸥鹭。

14.辛弃疾：永遇乐·京口北固亭怀古

千古江山，英雄无觅孙仲谋处。舞榭歌台，风流总被雨打风吹去。斜阳草树，寻常巷陌，人道寄奴曾住。想当年，金戈铁马，气吞万里如虎。

元嘉草草，封狼居胥，赢得仓皇北顾。四十三年，望中犹记，烽火扬州路。可堪回首，佛狸祠下，一片神鸦社鼓。凭谁问：廉颇老矣，尚能饭否？

15. 辛弃疾：水龙吟·登建康赏心亭

楚天千里清秋，水随天去秋无际。遥岑远目，献愁供恨，玉簪螺髻。落日楼头，断鸿声里，江南游子。把吴钩看了，栏干拍遍，无人会，登临意。

休说鲈鱼堪脍，尽西风季鹰归未？求田问舍，怕应羞见，刘郎才气。可惜流年，忧愁风雨，树犹如此！倩何人唤取，红巾翠袖，揾英雄泪？

16. 辛弃疾：菩萨蛮·书江西造口壁

郁孤台下清江水，中间多少行人泪。西北望长安，可怜无数山。

青山遮不住，毕竟东流去。江晚正愁余，山深闻鹧鸪。

17. 辛弃疾：破阵子·为陈同甫赋壮词以寄之

醉里挑灯看剑，梦回吹角连营。八百里分麾下炙，五十弦翻塞外声，沙场秋点兵。

马作的卢飞快，弓如霹雳弦惊。了却君王天下事，赢得生前身后名。可怜白发生！

18. 辛弃疾：青玉案·元夕

东风夜放花千树。更吹落，星如雨。宝马雕车香满路。凤箫声动，玉壶光转，一夜鱼龙舞。

蛾儿雪柳黄金缕，笑语盈盈暗香去。众里寻他千百度，蓦然回首，那人却在，灯火阑珊处。

19. 辛弃疾：西江月·夜行黄沙道中

明月别枝惊鹊，清风半夜鸣蝉。稻花香里说丰年，听取蛙声一片。

七八个星天外，两三点雨山前。旧时茅店社林边，路转溪桥忽见。

20. 辛弃疾：丑奴儿·书博山道中壁

少年不识愁滋味，爱上层楼。爱上层楼，为赋新词强说愁。

而今识尽愁滋味，欲说还休。欲说还休，却道天凉好个秋。

21. 辛弃疾：西江月·遣兴

醉里且贪欢笑，要愁那得工夫。近来始觉古人书，信着全无是处。

昨夜松边醉倒，问松我醉何如，只疑松动要来扶，以手推松曰去！

22. 辛弃疾：鹧鸪天·有客慨然谈功名因追念少年时事戏作

壮岁旌旗拥万夫，锦襜突骑渡江初。燕兵夜娖银胡䩮，汉箭朝飞金仆姑。

追往事，叹今吾，春风不染白髭须。却将万字平戎策，换得东家种树书。

23. 辛弃疾：南乡子·登京口北固亭有怀

何处望神州？满眼风光北固楼。千古兴亡多少事？悠悠，不尽长江滚滚流！

年少万兜鍪，坐断东南战未休。天下英雄谁敌手？曹刘。生子当如孙仲谋！

24. 陆游：卜算子·咏梅

驿外断桥边，寂寞开无主。已是黄昏独自愁，更著风和雨。

无意苦争春，一任群芳妒。零落成泥碾作尘，只有香如故。

25. 陆游：诉衷情·当年万里觅封侯

当年万里觅封侯，匹马戍梁州。关河梦断何处？尘暗旧貂裘。

胡未灭，鬓先秋，泪空流。此生谁料，心在天山，身老沧洲。

26. 陆游：鹊桥仙·一竿风月

一竿风月，一蓑烟雨，家在钓台西住。卖鱼生怕近城门，况肯到红尘深处？

潮生理棹，潮平系缆，潮落浩歌归去。时人错把比严光，我自是无名渔父。

27. 陆游：鹊桥仙·华灯纵博

华灯纵博，雕鞍驰射，谁记当年豪举？酒徒一半取封侯，独去作江边渔父。

轻舟八尺，低篷三扇，占断蘋洲烟雨。镜湖元自属闲人，又何必官家赐与？

28.陆游：钗头凤·红酥手

红酥手，黄縢酒。满城春色宫墙柳。东风恶，欢情薄。一怀愁绪，几年离索。错，错，错。

春如旧，人空瘦。泪痕红浥鲛绡透。桃花落，闲池阁。山盟虽在，锦云难托。莫，莫，莫！

29.张元幹：贺新郎·送胡邦衡待制

梦绕神州路。怅秋风，连营画角，故宫离黍。底事昆仑倾砥柱，九地黄流乱注？聚万落千村狐兔。天意从来高难问，况人情，老易悲难诉！更南浦、送君去。

凉生岸柳催残暑。耿斜河、疏星淡月，断云微度。万里江山知何处？回首对床夜语。雁不到、书成谁与？目尽青天怀今古，肯儿曹恩怨相尔汝？举大白，听《金缕》。

30.岳飞：满江红·怒发冲冠

怒发冲冠，凭栏处、潇潇雨歇。抬望眼、仰天长啸，壮怀激烈。三十功名尘与土，八千里路云和月。莫等闲、白了少年头，空悲切。

靖康耻，犹未雪。臣子恨，何时灭。驾长车踏破，贺兰山缺。壮志饥餐胡虏肉，笑谈渴饮匈奴血。待从头、收拾旧山河，朝天阙。

31. 柳永：雨霖铃·寒蝉凄切

寒蝉凄切，对长亭晚，骤雨初歇。都门帐饮无绪，留恋处，兰舟催发。执手相看泪眼，竟无语凝噎。念去去，千里烟波，暮霭沉沉楚天阔。

多情自古伤离别，更那堪，冷落清秋节？今宵酒醒何处？杨柳岸，晓风残月。此去经年，应是良辰好景虚设。便纵有千种风情，更与何人说？

32. 范仲淹：渔家傲·秋思

塞下秋来风景异。衡阳雁去无留意。四面边声连角起。千嶂里，长烟落日孤城闭。

浊酒一杯家万里。燕然未勒归无计。羌管悠悠霜满地。人不寐，将军白发征夫泪。

33. 秦观：鹊桥仙·七夕

纤云弄巧，飞星传恨，银汉迢迢暗度。金风玉露一相逢，便胜却人间无数。

柔情似水，佳期如梦，忍顾鹊桥归路。两情若是久长时，又岂在朝朝暮暮。

34. 晏殊：浣溪沙·一曲新词酒一杯

　　一曲新词酒一杯，去年天气旧亭台。夕阳西下几时回？

　　无可奈何花落去，似曾相识燕归来。小园香径独徘徊。

35. 陈亮：水调歌头·送章德茂大卿使虏

　　不见南师久，漫说北群空。当场只手，毕竟还我万夫雄。自笑堂堂汉使，得似洋洋河水，依旧只流东？且复穹庐拜，会向藁街逢！

　　尧之都，舜之壤，禹之封。于中应有，一个半个耻臣戎！万里腥膻如许，千古英灵安在，磅礴几时通？胡运何须问，赫日自当中！

扩大记忆

——应记宋词十五首

1. 辛弃疾：《贺新郎·别茂嘉十二弟》（绿树听鹈鴂）；

2. 辛弃疾：《清平乐·村居》（茅檐低小）；

3. 晏殊：《浣溪沙》（一向年光有限身）；

4. 姜夔：《琵琶仙》（双桨来时）；

5. 秦观:《踏莎行·郴州旅舍》(雾失楼台);

6. 贺铸:《青玉案》(凌波不过横塘路);

7. 欧阳修:《蝶恋花》(庭院深深深几许);

8. 欧阳修:《生查子·元夕》(去年元夜时);

9. 宋祁:《玉楼春·春景》(东城渐觉风光好);

10. 吴文英:《唐多令·惜别》(何处合成愁);

11. 蒋捷:《虞美人·听雨》(少年听雨歌楼上);

12. 蒋捷:《一剪梅·舟过吴江》(一片春愁待酒浇);

13. 刘克庄:《玉楼春·戏林推》(年年跃马长安市);

14. 刘克庄:《一剪梅·余赴广东,实之夜饯于风亭》(束缊宵行十里强);

15. 陈与义:《临江仙·夜登小阁忆洛中旧游》(忆昔午桥桥上饮)。

第二十六节
宋词的最高峰峦

宋代文学的第一主角，是词。其实宋诗也不错，但是面对前辈唐诗和同辈的宋词，应该谦让了。宋代的散文超过唐代，但是边上有了词，也应该谦让了。

"词"这个东西，就像我们现在歌唱界常说的"歌词"、"曲词"一样，与音乐有紧密关系。唐代是一个充满歌声的时代，从胡乐到燕乐的歌词，常被称为"曲子词"。中唐之后一些文人开始认真地依声填词，这就形成了与诗很不一样的"长短句"。白居易、刘禹锡、张志和等人都写过不错的词，晚唐温庭筠的贡献更大一些。到了南唐小朝廷时期，国事纷乱而文事发达，宰相冯延巳和国君李璟都是一代词家，而李璟的儿子李煜，更是一个划时代的巨匠。

李煜后来成了宋朝的俘虏。这个俘虏他的王朝的最高文学标志，却由他在俘虏屋里擦着眼泪默默奠基。这事很怪异，也很幽默。不管哪个朝代、哪个国家，俘虏营、俘虏屋、俘虏岛，大多是汇聚大量奇险而悲怆诗情的地方。只不过，那些作品很难传得出来。李煜是特例，不仅传出来了，而且几乎整个中国都记住了他的一些句子。"春花秋月何时了，往事知多少"；"问君能有几多愁，恰似一江春水向东流"；"流水落花春去也，天上人间"；"剪不断，理还乱，是离愁，别是一般滋味在心头"……

"一江春水向东流"的幽咽之叹，终于变成了"大江东去"的豪迈之声。宋词堂皇登台，一时间风起云涌。

宋词的第一主角，是苏东坡。

对此，很少听到异议。因为有《念奴娇·赤壁怀古》和《水调歌头·中秋》。

这两首词的巨大魅力，已经远远超出词的范畴，也远远超越了宋代。苏东坡本人，也因它们而登上了最高文化峰峦。

为什么会这样？为什么是这两首？

大家早就习惯了大概念的讲述，我今天且另辟蹊径，只讲具体创作技法。

第一个原因：由宏大情景开头。

篇幅不大的文学作品，开头非常重要。如果开头平平，多数粗心的读者就不会继续深入，而对那些很有耐心的读者而言，也失落了"开门见山"的惊喜。因此，能否把读者一把拉住，而且拉得有力，开头占了一半功效。

很多诗词的开头，会从一个心理感慨出发，包括很多佳作也是如此。但是，多数读者在刚刚面对一个作品时，心理结构的大门尚未完全打开，还处于一种试探状态。兜头一盆感慨之水或哲理之水，会让人缺少足够的接受准备。因此，感慨和哲理不妨放后一点儿，最好的开头应该是情景。让读者进入情景比较容易，一旦进入，就可以任你引导了。

但是，情景的设定也大有讲究。多数诗词的情景，往往出自诗人当下的庭院图像，如霜晨飞雀，篱下落花，可触可感，容易动情。这样当然也能写出优秀作品，但毕竟，气格小了一点儿，缺少一种强大的吸附之力和裹卷之力。

这就可以发现苏东坡这两首词的不凡之处了，那就是，具有强大的吸附之力和裹卷之力。

这两种力的起点，是宏大情景。一首，是俯看滚滚长江；另一首，是仰视中秋之月。这两个情景，人人都能感受，一感受便能拓宽胸怀，找到一种浩渺的亲切感，其实也就是找到了一个提升了的自己。这就会让读者立即移情，黏着于词句之间了。"大江东去，浪淘尽，千古风流人物"，这是任何人在江边都产生过的感受；"明月几时有，把酒问青天，不知天上宫阙，今夕是何年"，这是任何人在仰月时都产生过的想象。也就是说，只要是人，面对巨大而恒久的自然物时都会在内心迸发出天赋诗意，苏东坡的这两首词把这种诗意叩发出来了。

因此，读诗的人，已经是半个诗人。

第二个原因：宏大情景粘住了读者，还不够，必须粘得更深一点儿，把这个宏大情景写足、写透。

这是很多诗词做不到的。有了一个好的开头，往往就纵笔滑走，匆忙表述自己的感悟了。例如比苏东坡晚了四百多年的杨慎写的《临江仙》就是一种标准格式："滚滚长江东逝水，浪花淘尽英雄，是非成败转头空。"这也写得不错，却是通常的写作套路。苏东坡不会这样，他一定要把已经引出来的大江写透，写"故垒西边"，写"乱石穿空，惊涛拍岸"，写"卷起千堆雪"，这就把进入情景的读者深度裹卷了，而且是感性裹卷，很难拒绝。当读者已经被深度裹卷，于是只要轻轻点化一句感悟，大家全都顺势接受了："江山如画，一时多少豪杰。"

那首《水调歌头》，也没有立即从月亮联想到一个意念，而是把观月的情景描写到了无以复加的地步。你看，既在猜想天宫中的日历，又在设想自己如果飞上去了之后受不住上面的寒冷。寒冷归寒冷，但那是非常美丽的"琼楼玉宇"。既然上不去，那就看月光下来吧，"转朱阁，低绮户，照无眠"。请注意，写了那么多，还没有把意念塞给读者，仍然是在透彻地赏月。这实在是高明极了，赏月赏到了天上人间的无垠穿越，把一个情景搅成了极致性的运动状态，而这一切又全在广大读者都能感受的范围之内。

由此可知，最高等级的大作品，总是着力于想象和描写，而不是议论和抒情。如果急急地进入议论和抒情，也可能是好作品，却不可能是大作品。

第三个原因：感悟于低调、朦胧。

在情景里翻腾得那么透，享受了那么久，最后总要表达一些感悟了吧。

这当然是需要的，否则作品缺少了一个归结点，很难结束。但是，这里最常见的误会是，以为大作品必须引出一个最深刻、最响亮的结论。很多文学史家也常常用这种思路来分析各个作品。

但是不能忘了，文学就是文学，并不是哲学。在美的领域，要的是寻常的感悟，而不是惊世的结论。真正传世的大作品，精神走向一定不是战歌式的嘹亮清晰，而总是朦胧的、低调的、模糊的，因此也是浩茫的、多义的、无限的。

请看《念奴娇》，在道尽了大江英雄陈迹之后，并不伤感，并不批判，也不说教，只是淡淡表示自己在"多情"的"神游"中已经"早生华发"。感叹了一下"人生如梦"之后就举起了酒杯祭洒。祭洒给谁？是给大江？给周瑜？给人生？给自己？都可以。就在这"都可以"的低调朦胧中，一个大作品才没有陷落于一端而变小。而且，正是在低调朦胧中，美的景象才能留存得完满而没有被意念割碎。

《水调歌头》也是一样，没有决断，没有怨恨，没有结论。这个作品归结于一种温暖的劝慰：即使离别也"不应有恨"。"人有悲欢离合，月有阴晴圆缺，此事古难全。"是啊，在"悲欢离合"这四个字当中，每个字都能做出大量激情勃发的好文章，但苏东坡站在这些好文章之上轻轻一笑，说这都是自然现象，不必求全。彼此活得长一点儿，就好了，而这也只是一个愿望。仍然是一片暖洋洋的朦胧，足以融化一切。

正是这种低调朦胧，使一切读者都能放松进入，又放松离开。好像没有得到什么，却看到了一个知心的异代兄长的精神微笑。这种精神微笑，又与自己有关，因此分外亲切。

这就是这两首词让人百读不厌的技术原因。

第二十七节
宋诗和宋文导读

宋代以词名世，其实诗亦很好。尤其是苏轼、陆游、王安石、文天祥的诗，皆可传世。所列不多，均应熟读。

基础记忆

1. 陆游：剑门道中遇微雨

   衣上征尘杂酒痕，远游无处不消魂。
   此身合是诗人未？细雨骑驴入剑门。

2. 陆游：示儿

   死去元知万事空，但悲不见九州同。
   王师北定中原日，家祭无忘告乃翁。

3. 陆游：秋夜将晓出篱门迎凉有感（其二）

   三万里河东入海，五千仞岳上摩天。
   遗民泪尽胡尘里，南望王师又一年。

4. 陆游：书愤

早岁那知世事艰，中原北望气如山。

楼船夜雪瓜洲渡，铁马秋风大散关。

塞上长城空自许，镜中衰鬓已先斑。

出师一表真名世，千载谁堪伯仲间！

5. 陆游：游山西村

莫笑农家腊酒浑，丰年留客足鸡豚。

山重水复疑无路，柳暗花明又一村。

箫鼓追随春社近，衣冠简朴古风存。

从今若许闲乘月，拄杖无时夜叩门。

6. 苏轼：题西林壁

横看成岭侧成峰，远近高低各不同。

不识庐山真面目，只缘身在此山中。

7. 苏轼：和子由渑池怀旧

人生到处知何似？应似飞鸿踏雪泥。

泥上偶然留指爪，鸿飞那复计东西。

老僧已死成新塔，坏壁无由见旧题。

往日崎岖还记否？路长人困蹇驴嘶。

8. 苏轼：惠崇春江晚景（其一）

　　竹外桃花三两枝，春江水暖鸭先知。

　　蒌蒿满地芦芽短，正是河豚欲上时。

9. 王安石：泊船瓜洲

　　京口瓜洲一水间，钟山只隔数重山。

　　春风又绿江南岸，明月何时照我还？

10. 李清照：乌江

　　生当作人杰，死亦为鬼雄。

　　至今思项羽，不肯过江东。

11. 朱熹：观书有感（其一）

　　半亩方塘一鉴开，天光云影共徘徊。

　　问渠那得清如许？为有源头活水来。

12. 文天祥：过零丁洋

　　辛苦遭逢起一经，干戈寥落四周星。

　　山河破碎风飘絮，身世浮沉雨打萍。

　　惶恐滩头说惶恐，零丁洋里叹零丁。

　　人生自古谁无死？留取丹心照汗青。

13. 文天祥：正气歌

天地有正气，杂然赋流形。下则为河岳，上则为日星。于人曰浩然，沛乎塞苍冥。皇路当清夷，含和吐明庭。时穷节乃见，一一垂丹青。

在齐太史简，在晋董狐笔，在秦张良椎，在汉苏武节；为严将军头，为嵇侍中血，为张睢阳齿，为颜常山舌；或为辽东帽，清操厉冰雪；或为出师表，鬼神泣壮烈；或为渡江楫，慷慨吞胡羯；或为击贼笏，逆竖头破裂。是气所磅礴，凛烈万古存。当其贯日月，生死安足论。

地维赖以立，天柱赖以尊。三纲实系命，道义为之根。嗟余遘阳九，隶也实不力。楚囚缨其冠，传车送穷北。鼎镬甘如饴，求之不可得。阴房阒鬼火，春院闷天黑。牛骥同一皂，鸡栖凤凰食。一朝蒙雾露，分作沟中瘠。如此再寒暑，百沴自辟易。哀哉沮洳场，为我安乐国。岂有他缪巧，阴阳不能贼。顾此耿耿在，仰视浮云白。悠悠我心忧，苍天曷有极。

哲人日已远，典刑在夙昔。风檐展书读，古道照颜色。

扩大记忆

1. 苏轼：《六月二十七日望湖楼醉书五绝·其一》（黑云翻墨未遮山）；

2. 苏轼：《饮湖上，初晴后雨·其二》（水光潋滟晴方好）；

3. 朱熹：《春日》（胜日寻芳泗水滨）；

4. 杨万里：《小池》（泉眼无声惜细流）；

5. 叶绍翁：《游园不值》（应怜屐齿印苍苔）；

6. 林升：《题临安邸》（山外青山楼外楼）；

7. 王安石：《登飞来峰》（飞来山上千寻塔）；

8. 郑思肖：《寒菊》（花开不并百花丛）。

宋代散文，依"唐宋八大家"的排列，有六家，即欧阳修、苏洵、苏轼、苏辙、曾巩、王安石，确实各有特色，但是如果以宋词和宋诗的光亮来对照，真正能够平视的，也只有伟大的苏轼。尤其是他的《前赤壁赋》和《后赤壁赋》，文学地位崇高，哲理等级非凡，大家应该反复熟读乃至背诵。除苏轼外，欧阳修的散文也不错，特别是那篇《秋声赋》，朗诵起来很有味道。

第二十八节

《前赤壁赋》今译

壬戌年的那个秋天，农历七月十六，我和客人坐船，到赤壁下面游玩。

在风平浪静之间，我向客人举起酒杯，朗诵《明月》之诗，吟唱《窈窕》之章。不一会儿，月亮从东山升起，徘徊于东南星辰之间。白雾横罩江面，水光连接苍穹，我们的船恰如一片苇叶，浮越于万顷空间。眼前是那么开阔，像是要飞到天上，不知停在哪里；身子是那么轻飘，像是要遗弃人世，长了翅膀而成仙。

于是我们快乐地喝酒，拍着船舷唱起了歌。歌中唱道：

桂树为橹，

兰木做桨。

橹划空明，

桨拨流光。

我的怀念，

渺渺茫茫。

心中美人，

天各一方。

　　有一位客人吹起了洞箫，为歌声伴奏。那呜呜咽咽的声音，像是怨恨，又像是爱慕；像是哭泣，又像是诉说。余音婉转而悠长，就像一缕怎么也拉不断的丝线，简直能让深壑里的蛟龙舞动，能让孤舟里的独女哀泣。

　　我心中顿觉凄楚，便端正了一下自己的姿态，问那位吹箫的客人："为什么吹成这样？"

　　那位客人说："'月明星稀，乌鹊南飞'——这不是曹操的诗句吗？想当年，不也是这个地方，西对夏口，东对鄂州，山环水复，草木苍翠，曹操被周瑜所困？那时候，他刚刚攻下荆州，拿下江陵，顺流东下，战船延绵千里，旌旗遮天蔽日，对着大江饮酒，横握长矛吟诗，真可谓是一代豪杰啊，然而，他今天在哪里？

　　"那就更不必说你我之辈了：捕鱼打柴为生，鱼虾麋鹿做伴，驾着小船出没，捧着葫芦喝酒，既像昆虫寄世，又像小米漂海，哀叹生命短暂，羡慕长江无穷。当然我也想与仙人一样遨游，与月亮一起长存，但明知都得不到，只能把悲伤吐给秋风。"

　　我听完，就对这位客人说："你也应该知道水和月的玄机吧。这水，看似日夜流走，其实一直存在；这月，看似时圆时缺，其实没有增减。从变化的角度看，天地之间瞬刻不同；但从不变的角度看，万物和我们都可以永恒，那又有什么好羡慕的呢?

　　"何况，天地万物各有所属，如果不是我们的，分毫都不该占取。只有江上的清风，山间的明月，经由我们的耳朵而成为声音，经由我们的眼睛而成为色彩，可以尽管取用，怎么也用不完。这是大自然的无穷宝藏，足供你我共享。"

　　客人听罢，高兴地笑了，洗了杯子，重新斟酒。终于，菜肴果品全都吃完，空杯空盘杂乱一片，大家就互相靠着身子睡觉，直到东方露出曙色。

第二十九节
《前赤壁赋》原文

　　壬戌之秋，七月既望，苏子与客泛舟，游于赤壁之下。清风徐来，水波不兴。举酒属客，诵明月之诗，歌窈窕之章。少焉，月出于东山之上，徘徊于斗牛之间。白露横江，水光接天。纵一苇之所如，凌万顷之茫然。浩浩乎如冯虚御风，而不知其所止；飘飘乎如遗世独立，羽化而登仙。

　　于是饮酒乐甚，扣舷而歌之。歌曰："桂棹兮兰桨，击空明兮溯流光。渺渺兮予怀，望美人兮天一方。"客有吹洞箫者，倚歌而和之。其声呜呜然，如怨如慕，如泣如诉，余音袅袅，不绝如缕。舞幽壑之潜蛟，泣孤舟之嫠妇。

　　苏子愀然，正襟危坐而问客曰："何为其然也？"客曰："'月明星稀，乌鹊南飞'，此非曹孟德之诗乎？西望夏口，东望武昌，山川相缪，郁乎苍苍，此非孟德之困于周郎者乎？方其破荆州，下江陵，顺流而东也，舳舻千里，旌旗蔽空，酾酒临江，横槊赋诗，固一世之雄也，而今安在哉？况吾与子渔樵于江渚之上，侣鱼虾而友麋鹿，驾一叶之扁舟，举匏樽以相属。寄蜉蝣于天地，渺沧海之一粟。哀吾生之须臾，羡长江之无穷。挟飞仙以遨游，抱明月而长终。知不可乎骤得，托遗响于悲风。"

苏子曰："客亦知夫水与月乎？逝者如斯，而未尝往也；盈虚者如彼，而卒莫消长也。盖将自其变者而观之，则天地曾不能以一瞬；自其不变者而观之，则物与我皆无尽也，而又何羡乎！且夫天地之间，物各有主，苟非吾之所有，虽一毫而莫取。惟江上之清风，与山间之明月，耳得之而为声，目遇之而成色，取之无禁，用之不竭，是造物者之无尽藏也，而吾与子之所共适。"

客喜而笑，洗盏更酌。肴核既尽，杯盘狼籍。相与枕藉乎舟中，不知东方之既白。

第三十节
《后赤壁赋》今译

    这年十月十五，我从雪堂出发，回临皋去。两位客人跟着我，过黄泥坂。那是霜降季节，树叶已经落尽。见到自己的身影在地上，便仰起头来看月亮，不禁心中一乐，就边走边唱，互相应和。走了一会儿，我随口叹道："有客而没有酒，有酒而没有菜肴，这个美好的夜晚该怎么度过？"一位客人说："今天傍晚，我网到一条鱼，口大鳞细，很像松江鲈鱼。但是，到哪儿去弄酒呢？"我急忙回家与妻子商量。妻子说："我有一斗酒，藏很久了，就是准备你临时需要的。"

    于是我们带了酒和鱼，又一次来到赤壁之下。那儿，江流声声，岸壁陡峭。因为山高，月亮被比得很小。水位下落，两边坡石毕露。与上次来游，才隔多久，景色已经变得认不出来了。

    我撩起衣服，踏着山岩，拨开茂草，蹲上形如虎豹的巨石，跨过状如虬龙的古木，攀及禽鸟筑巢的大树，俯瞰深幽难测的长江。两位客人跟不上我，便尖声长啸。他们的声音震动了草木，震荡着山谷，像是一阵风，吹起了波浪。我突然忧伤，深感恐慌，觉得不能在这里停留。

下到船上，漂在江中，不管它停在哪里，歇在何处。快到半夜了，四周一片寂静。忽然看到一只孤鹤越过大江从东边飞来，翅膀像轮子一样翻动，身白尾黑，长鸣一声从我们船上飞过，向西而去。

一会儿客人走了，我也就入睡了。梦见一个道士，穿着羽毛般的衣服飘然而到临皋，拱手对我说："赤壁之游，快乐吗？"问他姓名，他低头不答。我说："啊呀，我知道了。昨天半夜从我头顶飞鸣而过的，就是你吧？"道士笑了，我也醒了。开门一看，什么也没有。

第三十一节
《后赤壁赋》原文

是岁十月之望，步自雪堂，将归于临皋。二客从予，过黄泥之坂。霜露既降，木叶尽脱。人影在地，仰见明月。顾而乐之，行歌相答。已而叹曰："有客无酒，有酒无肴，月白风清，如此良夜何？"客曰："今者薄暮，举网得鱼，巨口细鳞，状似松江之鲈。顾安所得酒乎？"归而谋诸妇。妇曰："我有斗酒，藏之久矣，以待子不时之须。"

于是携酒与鱼，复游于赤壁之下。江流有声，断岸千尺；山高月小，水落石出。曾日月之几何，而江山不可复识矣。

予乃摄衣而上，履巉岩，披蒙茸，踞虎豹，登虬龙，攀栖鹘之危巢，俯冯夷之幽宫。盖二客不能从焉。划然长啸，草木震动，山鸣谷应，风起水涌。予亦悄然而悲，肃然而恐，凛乎其不可久留也。

返而登舟，放乎中流，听其所止而休焉。时夜将半，四顾寂寥。适有孤鹤，横江东来，翅如车轮，玄裳缟衣，戛然长鸣，掠予舟而西也。

须臾客去，予亦就睡。梦一道士，羽衣翩跹，过临皋之下，揖予而言曰："赤壁之游乐乎？"问其姓名，俯而不答。"呜呼！噫嘻！我知之矣。畴昔之夜，飞鸣而过我者，非子也耶？"道士顾笑，予亦惊悟。开户视之，不见其处。

第三十二节
《秋声赋》今译

欧阳子正在夜里读书，听到有声音从西南方向传来，心里一惊，侧耳倾听，不禁自语："好奇怪呀！"

这声音，初听淅淅沥沥，萧萧飒飒，忽然奔腾澎湃，就像波涛夜惊，风雨骤至。而且，这波涛和风雨似乎还撞到了什么，发出琮琮琤琤的金铁之声。再听，又像是奔赴战场的兵士们衔着禁声之枚疾步而走，没有口令，只有人马行进的声音……

我问书童："这是什么声音？你出去看看。"

书童看了回来说："星星、月亮、银河都很明亮，四周并没有人声，声音来自树间。"

我一想就明白了，说："啊呀，悲哉，这就是秋声，秋天的声音！它，怎么就来了呢？"

要说秋天的相貌，它的颜色有点儿惨淡。烟雾飞动，云岚聚敛，容色清净，天高日明，气息凛冽，砭人肌骨，意态萧条，山川寂寥。因此，它所发出的声音，既凄凄切切，又呼号奋发。虽然绿草还在争茂，佳木依然葱茏，但只要一碰到这种声音，绿草就会变色，佳木就会落叶。究竟是什么力量使草木摧败零落？那就是强大的秋气。

秋天，是季节的执刑官。时序属阴，有用兵之象；五行属金，藏天地刀气，有肃杀之心。天道对于生物，春生而秋实。所以在音乐中，秋音为商，秋律为夷。商为西部之音，指向悲伤；夷为七月之律，指向杀戮。生物老了就会悲伤，生物过盛就会杀戮。

啊，我不禁叹息道，草木无情，还会按时飘零，人为动物，独有灵性，自然会有各种忧愁触心，各种事务劳身。触心和劳身的结果，又必定会损伤精神。更何况，还要去思索那些力所不及的问题，担忧那些智所不能的事情。这当然会使红润的容颜变得如同枯木，乌黑的头发也白斑丛生。我们的身体并无金石之质，怎么可能超越草木而一直茂盛？

真要好好想想，究竟是谁摧残了我们？看来，怨不得这满耳的秋声。

我这样自言自语，书童无从对话，已经垂头打盹。陪我叹息的，是四周墙下的唧唧虫声。

嗟乎此秋聲也胡為乎
來哉蓋夫秋之為狀也
其色慘淡煙霏雲斂其
容清明天高日晶其氣
栗冽砭人肌骨其意蕭
條山川寂寥故其為
聲也淒淒切切呼號憤發
豐草綠縟而爭茂佳
木葱蘢而可悅草拂
之而色變木遭之而葉脫
其所以摧敗零落者乃
一氣之餘烈夫秋刑官

欧阳修《秋声赋》（余秋雨行书，局部）

第三十三节
《秋声赋》原文

  欧阳子方夜读书，闻有声自西南来者，悚然而听之，曰："异哉！"初淅沥以萧飒，忽奔腾而砰湃，如波涛夜惊，风雨骤至。其触于物也，鏦鏦铮铮，金铁皆鸣；又如赴敌之兵，衔枚疾走，不闻号令，但闻人马之行声。余谓童子："此何声也？汝出视之。"童子曰："星月皎洁，明河在天，四无人声，声在树间。"

  余曰："噫嘻悲哉！此秋声也，胡为而来哉？盖夫秋之为状也：其色惨淡，烟霏云敛；其容清明，天高日晶；其气慄冽，砭人肌骨；其意萧条，山川寂寥。故其为声也，凄凄切切，呼号愤发。丰草绿缛而争茂，佳木葱茏而可悦；草拂之而色变，木遭之而叶脱；其所以摧败零落者，乃其一气之余烈。夫秋，刑官也，于时为阴；又兵象也，于行用金。是谓天地之义气，常以肃杀而为心。天之于物，春生秋实，故其在乐也，商声主西方之音，夷则为七月之律。商，伤也，物既老而悲伤；夷，戮也，物过盛而当杀。

  "嗟乎！草木无情，有时飘零。人为动物，惟物之灵；百忧感其心，万事劳其形，有动于中，必摇其精。而况思其力之所不及，忧其智之所不能，宜其渥然丹者为槁木，黟然黑者为星星。奈何以非金石之质，欲与草木而争荣？念谁为之戕贼，亦何恨乎秋声！"

童子莫对，垂头而睡。但闻四壁虫声唧唧，如助余之叹息。

第三十四节
元明清剧作和小说导读

中国文学的主脉，在元明清转向大型叙事文学，主要是元杂剧、明清传奇和明清小说。诗、词、文都还在产生，但整体脉象已弱。

由于主要作品形体很大，开列"基础记忆"和"扩大记忆"反而变得简便。只需一提篇名，就会连带出丰富的内容。

且分"剧作"和"小说"两大部分，来分别排列记忆次序。

剧作基础记忆

1. 关汉卿:《窦娥冤》;

2. 关汉卿:《救风尘》;

3. 关汉卿:《望江亭》;

4. 王实甫:《西厢记》;

5. 纪君祥:《赵氏孤儿》;

6. 汤显祖:《牡丹亭》;

7. 孔尚任:《桃花扇》。

剧作扩大记忆

1. 马致远:《汉宫秋》;

2. 白朴:《墙头马上》;

3. 高明:《琵琶记》;

4. 洪昇:《长生殿》;

5. 李玉:《一捧雪》。

小说基础记忆

1. 曹雪芹:《红楼梦》;

2. 吴承恩:《西游记》;

3. 施耐庵:《水浒传》;

4. 罗贯中:《三国演义》。

小说扩大记忆

1. 兰陵笑笑生:《金瓶梅词话》;

2. 蒲松龄:《聊斋志异》;

3. 吴敬梓:《儒林外史》。

此外，在散文领域，晚明时期袁中郎、袁中道、王思任、张岱的"小品"，也值得一读。我本人在写作散文的初期，曾在语言的精致、质感、收敛、节奏上，受到晚明小品的正面影响。

第三十五节
明清小说闪问闪答

要讲小说，我就隐隐有些担心，因为这些小说篇幅都很长，人物众多，故事复杂，如果要认真展开来一一讲述，必然要花费不少篇幅，这就会严重影响课程的整体节奏。而且，那几部小说大家都很熟悉，历来论述它们的著作已经汗牛充栋，我如果再凑上去，就违背了本课程"不与他人重叠"的原则。

这实在是个难题。

我面对难题，总喜欢试着从相反的方向解决。

如果说，那些小说像是文学干道上的一重重山丘，大家都不得不进去攀越、探寻、蹀躞，那么，我何不站在山口的坡台上简单提示几句，让大家从容地进去，再从容地出来呢？

这也就是说，用极简来对付极繁，用三言两语来解脱千言万语。

这个方法我曾在北大讲课时用过，学生与我建立了一种

"闪问闪答"的环节，把很多怎么也说不清的大问题解决在顷刻之间。这个环节不仅在课堂上大受欢迎，后来讲课记录出版，读者评价最高的也是这个部分。

于是，我也想用这个方式来完成有关明清时期小说的课程。预先请了几位学生设计了一些简短的问题，由我做简短回答。虽然算不上"闪问闪答"了，也算是"短问短答"吧。

把这样的问答方式引入本课程，是一个尝试，我很高兴。

短问：中国四部古典小说，产生的时间顺序如何排列？文化的等级顺序又如何排列？

短答：时间顺序是《三国演义》、《水浒传》、《西游记》、《红楼梦》。很巧，文化的等级顺序也这样排列，一阶阶由低到高。

短问：那就先问第一台阶，《三国演义》。您认为这部历史小说的文化价值何在？

短答：第一次以长篇故事和鲜明人物，强烈地普及了最正宗的"中国观念"，即大奸、大义、大智。大奸是曹操，大义是关羽，大智是诸葛亮。这种普及，社会影响巨大。

短问：那么《水浒传》呢？

短答：与正宗观念反着来了，"流寇"被看作了英雄，认为他们是在"替天行道"，这就颠覆了天理和道统。英雄人物武松、鲁智深、李逵、林冲写得很生动。宋江则是一个在"江湖道德"和"正统道德"之间的徘徊者。

短问：金圣叹为什么把聚义之后的情节砍了？

短答：砍得好。英雄们上山了，施耐庵就下不了山了。一个总体行动已经结束，他无法继续，只能硬拖。

短问：您觉得英雄上山后，小说还能写下去吗？

短答：能。更换一个方位，加上悲剧意识和宗教意识。我有过几个具体设想，这儿就不说了。

短问：难道闹闹腾腾的《西游记》也算上了一个台阶？

短答：对。《西游记》出现了一种寓言式的象征结构，这在小说中很是难得。鲁迅说它"实出于游戏"，我不同意。

短问：有哪些象征？

短答：第一象征是，自由本性，纵横天地，必受禁锢；第二象征是，八十一难，大同小异，终能战胜；第三象征是，师徒四人，黄金搭配，处处可见。

短问：终于要面对《红楼梦》了。我们耳边，有"红学家"们的万千声浪，您能用一句话来概括这部小说的意涵吗？

短答：这部小说通过写实和象征，探寻了人性美的存在状态和幻灭过程。

短问：在小说艺术上您最赞叹它哪一个方面？

短答：以极为恢宏的大结构，写出了五百多个人物，其中贾宝玉、林黛玉、王熙凤、晴雯可谓千古绝笔。这么多人物又分别印证了大结构的大走向，那就是大幻灭。

短问：红学家们对作者曹雪芹的家族有大量研究，您能用最简单的语言说两句吗？

短答：在清代"康雍乾盛世"中，曹家在康熙初年发达，雍正初年被查，乾隆初年破落。曹雪芹过了十三年的贵族生活后，辛苦流离。三十八岁开始写这本书，四十八岁就去世了。

短问：有些红学家对高鹗续书评价极低，您认为呢？

短答：这不公平。高鹗当然比不上曹雪芹，但他保持了全书的悲剧走向，写出了黛玉之死和宝玉婚礼的重叠情节，难能可贵。见过几种续书，他的最好。没有续书，很难流传。

短问：您曾多次论述，这四部小说不能并列，因为《红楼梦》高出太多，是吗？

短答：是的。

短问：除了这四部，还有几部小说也比较著名，您能约略说几句吗，例如《金瓶梅》？

短答：《金瓶梅》很重要。《三国演义》中的历史人物、《水浒传》中的英雄好汉、《西游记》中的神仙鬼怪都不见了，只写日常市民，这些人也没有像样的故事，因此情节淡化。这样的作品当然不会来自说唱艺术，是第一部由文人独立创作的小说。

短问：内容有意义？

短答：有。它表现了暴发商人如何让传统社会结构崩塌，崩塌时看不到一个好人。

短问：《金瓶梅》后来最受诟病的，是露骨的色情描写。这种诟病是否出自封建保守思想？

短答：文学天地很大，色情描写应该容忍。不怕露骨，只怕粗鄙。《金瓶梅》在这方面粗鄙了，甚至肮脏了，跌破了美学的最后底线，因此很难为它辩护。

短问：还有一本短篇小说集影响也很大，《聊斋志异》。这本书内容很杂，又荒诞不经，为什么会这么出名？

短答：《聊斋志异》的各种故事中，有一抹最亮眼的异色，那就是狐仙和人的恋爱。很多读者都把这些狐仙看作了幻想中的恋人，因为她们生气勃勃，非常主动，机智任性，无视规矩，这是人世间的女友很难具备的。

短问：您是说，这些故事突破了现实题材的各种限制？

短答：要弥补现实，当然必须突破现实。一突破，连情节都变得艳丽奇谲、不可思议了。于是，一种特殊而陌生的美，压过了恐惧心理。为了美，人们宁肯拥抱不安全。为什么戏曲、电影都喜欢在《聊斋志异》中取材？因为它在弥补现实的同时也弥补了艺术。

短问：您的回答已经开始有点儿长了，要不要继续下去？

短答：一长就违背了我们的约定，那就结束吧。

——以上，就是有关中国古典小说的"短问短答"。

一部部厚厚的小说，我们竟然用这么简洁的语言来评说，其中包含着一种故意的逆反心理。这也有好处，通过远视、俯视、扫视，我们发现了这些文学丘壑的灵窍所在。如果反过来，采用近视、逼视、久视，很容易一叶障目。

正是在匆匆扫视中我们发现，仅仅这几部小说，也都在不长的时间里完成了勇敢的文化背叛。你看，《三国演义》首先以浩荡的情节和鲜明的形象，反转了历来儒家的道义传扬方式；《水浒传》则以一座梁山，反叛了三国的道义；到了《西游记》，一座梁山已经不够玩的了，从花果山、天宫到一个个魔窟，都是孙悟空反叛的连绵梁山；《金瓶梅》反叛三国型、水浒型、西游型的各类英雄，以彻底非英雄化的平民腐烂方式，让人别开眼界；《聊斋志异》则把人间全都反叛了，送来夜半狐仙的爽朗笑声；《红楼梦》的反叛就更大，对繁华、人伦、情爱，全都疑惑，又决然地拔身而去……

由此可见，创造就是反叛，反叛得有理有据，又有声有色。如果把文化创造仅仅看成是顺向继承，那一定是艺术生命的"穷途"。正是在一层层反叛的过程中，艺术创造日新月异。你看，仅仅这几部小说，仅仅在人物塑造上，《三国演义》的类型化，《水浒传》的典型化，《西游记》的寓言化，《金瓶梅》的群氓化，《聊斋志异》的妖仙化，实在是琳琅满目，更不必说《红楼梦》在幻灭祭仪中的整体诗化了。

面对如许美景，我们不能不心生敬佩。与欧洲艺术界形成一个个流派不同，中国的这些小说作家没有流派，而是一人成派，一书成派，不求追随，拒绝沿袭，独立天地，自成春秋。

更让我们敬佩的是，他们所处的时代并不好，个人的处境更潦倒，却能进入如此精彩的创作状态，实在不可思议。我常想，不必去与楚辞、唐诗、宋词比了，只需拿出古典文化衰落期的这几部小说，就会令我们现代文学和当代文化深深羞愧。知道羞愧还好一点儿，问题是我们总不知道羞愧，永远自信满满，宏词滔滔。

余秋雨文化大事记

· 1946 年 8 月 23 日出生于浙江省余姚县桥头镇（今属慈溪），在家乡读完小学。

· 1957 年至 1963 年，先后就读于上海新会中学、晋元中学、培进中学至高中毕业。其间，曾获上海市作文比赛首奖、上海市数学竞赛大奖。

· 1963 年考入上海戏剧学院戏剧文学系，但入学后以下乡参加农业劳动为主。

· 1966 年夏天遇到了一场极端主义的政治运动，家破人亡。父亲余学文先生因被检举有"错误言论"而被关押十年，全家八口人经济来源断绝；唯一能接济的叔叔余志士先生又被造反派迫害致死。1968 年被发配到军垦农场服劳役，每天从天不亮劳动到天全黑，极端艰苦。

· 1971 年"九一三事件"后，周恩来总理为抢救教育而布置复课、编教材。从农场回上海后被分配到"各校联合教材编写组"，但自己择定的主要任务是冒险潜入外文书库独自编写《世界戏剧学》，对抗当时以"八个革命样板戏"为代表的文化极端主义。

· 1976 年 1 月，编写教材被批判为"右倾翻案"，又因违反禁令主持周恩来的追悼会而被查缉，便逃到浙江省奉化县大桥镇半山一座封闭的老藏书楼研读中国古代文献，直至此年10月那场政治运动结束，下山返回上海。

· 1977年至1985年，投入重建当代文化的学术大潮，陆续出版了《世界戏剧学》、《中国戏剧史》、《观众心理学》、《艺术创造学》、*Some Observations on the Aesthetics of Primitive Chinese Theatre* 等一系列学术著作，先后获全国优秀教材一等奖、上海哲学社会科学著作奖、全国戏剧理论著作奖。

· 1985年2月，由上海各大学的学术前辈联名推荐，在没有担任过副教授的情况下直接晋升为正教授。

· 1986年3月，因国家文化部在上海戏剧学院举行的三次民意测验中均名列第一，被任命为上海戏剧学院副院长、院长。主持工作一年后，即被文化部教育司表彰为"全国最有现代管理能力的院长"之一。与此同时，又出任上海市咨询策划顾问、上海市写作学会会长、上海市中文专业教授评审组组长兼艺术专业教授评审组组长。被授予"国家级突出贡献专家"、"上海十大高教精英"等荣誉称号。

· 1989年至1991年，几度婉拒了升任更高职位的征询，并开始向国家文化部递交辞去院长职务的报告。辞职报告先后共递交了23次，终于在1991年7月获准辞去一切行政职务，包括多种荣誉职务和挂名职务。辞职后，孤身一人从西北高原开始，系统考察中国文化的重要遗址。当时确定的考察主题是"穿越百年血泪，寻找千年辉煌"。在考察沿途所写的"文化大散文"《文化苦旅》、《山居笔记》等，快速风靡全球华文读书界，由此成为最具影响力的华文作家之一。

· 1991 年 5 月，发表《风雨天一阁》，在全国开启对历代图书收藏壮举的广泛关注。

· 1992 年 2 月开始，先后被多所著名大学聘为荣誉教授或兼职教授，例如复旦大学、上海交通大学、同济大学、上海大学、中国科技大学、西安交通大学等。

· 1993 年 1 月，发表《一个王朝的背影》，充分肯定少数民族王朝入主中原的特殊生命力，重新评价康熙皇帝，开启此后多年"清宫戏"的拍摄热潮。

· 1993 年 3 月，发表《流放者的土地》，系统揭示清朝统治集团迫害和流放知识分子的凶残面目，并展现筚路蓝缕的"流放文化"。

· 1993 年 7 月，发表《苏东坡突围》，刻画了中国文化史上最有吸引力的人格典范，借以表现优秀知识分子所必然面临的一层层来自朝廷和同行的酷烈包围圈，以及"突围"的艰难。此文被海峡两岸暨香港、澳门的报刊广为转载。

·1993 年 9 月，发表《千年庭院》，颂扬了中国古代最优秀的教学方式——书院文化，发表后在全国教育界产生不小影响。

·1993 年 11 月，发表《抱愧山西》，系统描述并论证了中国古代最成功的商业奇迹——晋商文化，为当时正在崛起的经济热潮寻得了一个古代范本。此文发表后读者无数，传播广远。

·1994 年 3 月，发表《天涯故事》，梳理了沉埋已久的海南岛文化简史，并把海南岛文化归纳为"生态文明"和"家园文明"，主张以吸引旅游为其发展前景。

·1994 年 5 月至 7 月，发表长篇作品《十万进士》（上、下），完整地清理了千年科举制度对中国文化的正面意义和负面意义。

·1994 年 9 月，发表《遥远的绝响》，描述魏晋名士对中国文化的震撼性记忆。由于文章格调高尚凄美，一时轰动文坛。

·1994 年 11 月，发表《历史的暗角》，系统列述了"小人"在中国文化中的隐形破坏作用，以及古今君子对这个庞大群体的无奈。发表后在海峡两岸暨香港、澳门引起巨大反响，被公认为"研究中国负面人格的开山之作"。

·1995 年 4 月，应邀为四川都江堰题写自拟的对联"拜水都江堰，问道青城山"，镌刻于该地两处。

·1996 年 7 月,多家媒体经调查共同确认余秋雨为"全国被盗版最严重的写作人",由此被邀请成为"北京反盗版联盟"的唯一个人会员,并被聘为"全国扫黄打非督导员(督察证为 B027 号)"。

·1998 年 6 月,新加坡召集规模盛大的"跨世纪文化对话"而震动全球华文世界。对话主角是四个华人学者,除首席余秋雨教授外,还有哈佛大学的杜维明教授、威斯康星大学的高希均教授和新加坡艺术家陈瑞献先生。余秋雨的演讲题目是《第四座桥》。

·1999 年 2 月,为妻子马兰创作的剧本《秋千架》隆重上演,极为轰动,打破了北京长安大戏院的票房纪录。在台湾地区演出更是风靡一时,场场爆满。

·1999 年开始,引领和主持香港凤凰卫视对人类各大文明遗址的历史性考察,成为目前世界上唯一贴地穿越数万公里危险地区的人文教授,也是"9·11"事件之前最早向文明世界报告恐怖主义控制地区实际状况的学者。由此被日本《朝日新闻》选为"跨世纪十大国际人物"。

·2002 年 4 月,应邀为李白逝世地撰写《采石矶碑》(含书法),镌刻于安徽马鞍山三台阁。

·从 2000 年开始,由于环球考察在海内外所造成的巨大影响,国内一些媒体为了追求"逆反刺激"的市场效应而发起诽谤。先由北京大学一个学生误信了一个上海极左派文人的传言进行颠倒批判，即把当年冒险潜入外文书库独自编写《世界戏剧学》的勇敢行动诬陷为"文革写作"，并误植了笔名"石一歌"。由此，形成十余年的诽谤大潮，并随之出现了一批"啃余族"。余秋雨先生对所有的诽谤没有做任何反驳和回击，他说："马行千里，不洗尘沙。"

· 2003 年 7 月，由于多年来在中央电视台的文化栏目中主持"综合文史素质测试"而成为全国观众的关注热点，上海一个当年的造反派代表人物就趁势做逆反文章，声称《文化苦旅》中有很多"文史差错"，全国上百家报刊转载。10 月 19 日，我国当代著名文史权威章培恒教授发文指出，经他审读，那个人的文章完全是"攻击"和"诬陷"，而那个人自己的"文史知识"连一个高中生也不如。

· 2004 年 2 月，由于有关"石一歌"的诽谤浪潮已经延续四年仍未有消停迹象，余秋雨就采取了"悬赏"的办法。宣布"只要证明本人曾用这个笔名写过一篇、一段、一节、一行、一句这种文章，立即支付自己的全年薪金"，还公布了执行律师的姓名。十二年后，余秋雨宣布悬赏期结束，以一篇《"石一歌"事件》做出总结。

· 2004 年 3 月，参加联合国开发计划署《人类发展报告》的设计、研讨和审核。

· 2004 年年底，被联合国教科文组织、北京大学、《中华英才》杂志社等单位选为"中国十大文化精英"、"中国文化传播坐标人物"。

·2005年4月，应邀赴美国巡回演讲：

1）4月9日讲《中国文化的困境和出路》（在纽约市立大学亨特学院）；

2）4月10日讲《中国知识分子的问题所在》（在北美华文作家协会）；

3）4月12日上午讲《空间意义上的中华文化》（在马里兰大学）；

4）4月12日下午讲《君子的脚步》（在华盛顿国会图书馆）；

5）4月13日讲《时间意义上的中华文化》（在耶鲁大学）；

6）4月15日讲《中国文化所追求的集体人格》（在哈佛大学）；

7）4月17日讲《中华文化的三大优势和四大泥潭》（在休斯敦美南华文写作协会）。

·2005年7月20日，在联合国"世界文化大会"上发表主旨演讲《利玛窦的结论》，论述中国文明自古以来的非侵略本性，引起极大轰动。演说的论据，后来一再被各国政界、学界引用。收入书籍时，标题改为《中华文化的非侵略本性》。

·2005年11月，应邀撰写《法门寺碑》（含书法），镌刻于陕西法门寺大雄宝殿前的影壁。

· 2006 年 4 月，应邀撰写《炎帝之碑》（含书法），镌刻于湖南株洲炎帝陵纪念塔。

· 2005 年至 2008 年，被香港浸会大学聘请为"健全人格教育奠基教授"，每年在香港工作时间不少于半年。

· 2006 年，在香港凤凰卫视开办日播栏目《秋雨时分》，以一整年时间畅谈中华文化的优势和弱势，播出后在海内外产生广泛影响。

· 2007 年 1 月，发表《问卜中华》，详尽叙述了甲骨文的出土在中国文明濒临湮灭的二十世纪初年所带来的神奇力量，同时论述了商代的历史面貌。

· 2007 年 3 月，发表《古道西风》，系统叙述了中华文化的两大始祖老子和孔子的精神风采。

· 2007 年 5 月，发表《稷下学宫》，对比古希腊的雅典学院，将两千年前东西方两大学术中心进行平行比照。

· 2007 年 7 月，发表《黑色的光亮》，以充满感情的笔触表现了平民思想家墨子的人格光辉。

· 2007 年 8 月，应邀为七十年前解救大批犹太难民的中国外交官何凤山博士撰写碑文（含书法），镌刻于湖南益阳何凤山纪念墓地。

· 2007 年 9 月，发表《诗人是什么》，论述"中国第一诗人"屈原为华夏文明注入的诗化魂魄，分析了他获得全民每年纪念的原因，并解释了一些历史误会。

· 2007 年 11 月，发表《历史的母本》，以最高坐标评价了司马迁为整个中华民族带来的历史理性和历史品格。

· 2008 年 5 月 12 日，中国发生"汶川大地震"，第一时间赶到灾区参加救援。见到遇难学生留在废墟间的破残课本，决定以夫妻两人三年薪水的总和默默捐建三个学生图书馆，却被人在网络上炒作成"诈捐"，在全国范围喧闹了两个月之久。后由灾区教育局一再说明捐建实情，又由王蒙、冯骥才、张贤亮、贾平凹、刘诗昆、白先勇、余光中等名家纷纷为三个学生图书馆题词，风波才得以平息。

· 2008 年 9 月，上海市教育委员会颁授成立"余秋雨大师工作室"。上海市静安区政府决定为"余秋雨大师工作室"赠建办公小楼。

· 2008 年 12 月，为妻子马兰创作的中国音乐剧《长河》在上海大剧院隆重上演，受到海内外艺术精英的极高评价。

· 2009 年 5 月，应邀为山西大同云冈石窟题词"中国由此迈向大唐"，镌刻于石窟西端。

·2010 年 1 月，《扬子晚报》在全国青少年读者中做问卷调查"你最喜爱的中国当代作家"，余秋雨名列第一。"冠军奖座"是钱为教授雕塑的余秋雨铜像。

·2010 年 3 月 27 日，获澳门科技大学所颁"荣誉文学博士"称号。同时获颁荣誉博士称号的有袁隆平、钟南山、欧阳自远、孙家栋等著名专家。

·2010 年 4 月 30 日，接受澳门科技大学任命，出任该校人文艺术学院院长。宣布在任期间每年年薪五十万港元全数捐献，作为设计专业和传播专业研究生的奖学金。

·2010 年 5 月 21 日，联合国发布自成立以来第一份以文化为主题的"世界报告"，发布仪式的主要环节，是联合国教科文组织总干事博科娃女士与余秋雨先生进行一场对话。余秋雨发言的标题为《驳"文明冲突论"》。

·2012 年 1 月至 9 月，最终完成以莱辛式的"极品解析"方法来论述中国美学的著作《极品美学》。

·2012 年 10 月 12 日，中国艺术研究院成立"秋雨书院"。北京众多著名学者、企业家出席成立大会，并热情致辞。该书院是一个培养博士生的高层教学机构，现培养两个专业的博士研究生：一、中国文化史专业；二、中国艺术史专业。

·2013 年 10 月 18 日下午，再度应邀赴美国纽约联合国总部大厦演讲《中华文化为何长寿》。当天联合国网站将此演讲列为国际第一要闻。

·2013 年 10 月 20 日，在纽约大学演讲《中国文脉简述》。

·2013 年 12 月，完成庄子《逍遥游》的巨幅行草书写，并将《逍遥游》译成可诵可吟的现代散文。

·2014 年 1 月，完成屈原《离骚》的巨幅行书书写，并将《离骚》译成可诵可吟的现代散文。

·2014 年 1 月 31 日，完成《祭笔》。此文概括了作者自己握笔写作的艰辛历程。

·2014 年 3 月，发表以现代思维解析《般若波罗蜜多心经》的文章《解经修行》，并由此开始写作《修行三阶》、《〈金刚经〉简释》、《〈坛经〉简释》。

·2014 年 4 月，《余秋雨学术六卷》出版发行。

·2014 年 5 月，古典象征主义小说《冰河》（含剧本）出版发行。

·2014 年 8 月，系统论述中华文化人格范型的《君子之道》出版发行，立即受到海峡两岸读书界的热烈欢迎。

·2014 年 10 月,《秋雨合集》二十二卷出版发行。

·2014 年 10 月 28 日,出任上海图书馆理事长。

·2015 年 3 月,再度应邀在海峡对岸各大城市进行"环岛巡回演讲",自台北市、新北市、台中市到高雄市。双目失明的星云大师闻讯后从澳大利亚赶回,亲率僧侣团队到高雄车站长时间等待和迎接。这是余秋雨自 1991 年后第四次大规模的环岛演讲。本次演讲的主题是"中华文化和君子之道"。

·2015 年 4 月,悬疑推理小说《空岛》和人生哲理小说《信客》出版。

·2015 年 9 月,应邀为佛教胜地普陀山书写《心经》,镌刻于该岛回澜亭。

·2016 年 3 月,应邀为佛教胜地宝华山书写《心经》,镌刻于该山平台。

·2016 年 7 月,中华书局出版《中华文化读本》七卷,均选自余秋雨著作。

·2016 年 11 月,被选为世界余氏宗亲会名誉会长。

·2017 年 5 月 25 日至 6 月 5 日,中国美术馆举办"余秋雨翰墨展"(中国艺术研究院主办),参观者人山人海,成为中国美术馆建馆半个多世纪以来最为轰动的展出之一。中国文联主席兼中国作协主席铁凝说:"这个展览气势恢宏，彰显了秋雨先生令人慨叹的文化成就，使我对先生的为人和为文有了新的感受。"中国书法家协会原主席张海说："即使秋雨先生没有写过那么多著作，光看书法，也是真正专业的大书法家。"国务院参事室主任王仲伟说："余先生的书法作品，应该纳入国家收藏。"据统计，世界各地通过网络共享这次翰墨展的华侨人数，超过千万。

·2017 年 9 月，记忆文学集《门孔》出版发行。此书被评为《中国文脉》的当代续篇，其中有的文章已成为近年来网上最轰动的篇目。作者以自己的亲身交往描写了巴金、黄佐临、谢晋、章培恒、陆谷孙、星云大师、饶宗颐、金庸、林怀民、白先勇、余光中等一代文化巨匠，同时也写了自己与妻子马兰的情感历程。作者对《门孔》这一书名的阐释是："守护门庭，窥探神圣。"

·2017 年 12 月，《境外演讲》出版发行。此书收集了作者在联合国的三次演讲，又汇集了在美国各地和我国港澳地区巡回演讲和电视讲座的部分记录，被专家学者评为"打开中华文化之门的钥匙"。

·2018 年全年，应喜马拉雅网上授课平台之邀，把中国艺术研究院"秋雨书院"的博士课程向全社会开放，播出《中国文化必修课》。截至 2019 年 10 月，收听人次已经超过六千万。

（周行、刘超英整理，经余秋雨大师工作室校核）

图书在版编目（CIP）数据

给青少年的中国文化课 .3，熟读这些作品 / 余秋雨
著 .— 北京：北京联合出版公司，2020.6（2021.1 重印）
ISBN 978-7-5596-4116-8

Ⅰ . ①给 … Ⅱ . ①余 … Ⅲ . ①中华文化－青少年读物
Ⅳ . ① K203-49

中国版本图书馆 CIP 数据核字（2020）第 062058 号

给青少年的中国文化课 . 3，熟读这些作品

作　　者：余秋雨
责任编辑：张　萌
排版制作：今亮后声 HOPESOUND pankouyugu@163.com

北京联合出版公司出版
（北京市西城区德外大街 83 号楼 9 层　　100088）
河北鹏润印刷有限公司印刷　　新华书店经销
字数 115 千字　880 毫米 × 1230 毫米　1/32　印张 7
2020 年 6 月第 1 版　　2021 年 1 月第 3 次印刷
ISBN 978-7-5596-4116-8
定价：32.00 元